VTJ前夜の中井祐樹

七帝柔道記外伝

増田俊也

角川文庫
21276

目次

本書を、北海道大学柔道部元主将の吉田寛裕君（二十四歳で夭折《ようせつ》）と九州大学柔道部元主将の甲斐泰輔君（二十二歳で夭折）、二人の好漢に捧《ささ》げます。そしてスポーツや仕事、家族、仲間、なにかを信じて懸命に生きるすべての人に捧げます。

ＶＴＪ前夜の中井祐樹

平成七年（1995）四月二十一日昼。

私は東京都内の曹洞宗《そうとう》の禅寺で吉田寛裕の一周忌に出ていた。

そう、あの伝説のバーリトゥード・ジャパン・オープン95を日本武道館で観戦した翌日のことである。

中井《なかい》祐樹《ゆうき》も当然来ているだろうと思ったが姿がなかった。

いま思えば、朝起きて右眼が見えないことに気づき、病院へ行って失明を告げられ、愕然《がくぜん》としているときだったのだ。

一周忌には岩井眞監督やコーチ陣のほか、札幌、大阪、福岡など、全国から北海道大学柔道部の若いOBが何十人も集まっており、試合を観戦した私たちは質問攻めにあった。

「ゴルドー戦はどんな感じだった？」

「中井はどうやって戦ったんだ？」

「ヒクソンはそんなに強いのか？」

読経のなかで話す私たちを、坊さんは苦々しく背中で聞いていたに違いない。だが、私は吉田寛裕もきっと試合の詳細を聞きたがっているだろうと思って丁寧に話した。

ほかのOBも同じ思いだったに違いない。

はじめのうちこそ遠慮して小声で話していたが、そのうち盛り上がって読経の声より賑《にぎ》やかになってしまった。

この試合を最も観たかったのは吉田だろうし、中井がこの試合を最も見せたかったのも吉田だと思う。

だからそんな吉田に私は聞かせてやりたかった。中井の勇気ある戦いを。中井はほんとうに頑張ったんだよ……。

あの日、中井祐樹は二人の魂を背負ってリングに上がっていた。

＊＊＊

中井は、四年目の最後の七帝戦を終えると、すぐに北大を中退してプロシューティング（後のプロ修斗《しゅうと》）に進んだ。平成四年の夏のことだ。その三年後にこのバーリトゥード・ジャパン・オープン95に出場したわけだが、この三年間に二人の大切な男を亡くしている。

ライバルの甲斐泰輔（九州大学主将）と親友の吉田寛裕（北海道大学主将）である。

副主将だった中井は、彼らとともに七帝柔道最盛期の一時代を担った。

九大の甲斐泰輔はとてつもなく強い男だった。寝技にかけては、おそらく当時の日本の重量級で最も巧《うま》い選手のうちの一人だっただろう。一一〇キロの体で軽量級のような寝技をやったのだからだれも止められなかった。十五人目の大将にチームで最も弱い置き大将を置く。そして甲斐は副将に坐《すわ》り、相手校が五人残っていようが六人残っていようがすべて抜き去ってしまう、まさに怪物であった。彼を確実に止めることができるのは七大学でただ一人、中井祐樹だけだった。

戦前の高専柔道も、早川勝、野上智賀雄、木村政彦《きむらまさひこ》、木村光郎ら名選手をたくさん輩出しているが、戦後の七帝柔道で最も強かった選手かもしれない。長い間、京大柔道部を指導し、『国立七大学柔道戦史』の大著もある丹羽権平氏（京大学士柔道会元会長）も「史上最強は甲斐君ではないか」と言う。

一方の吉田寛裕は、小柄だが闘志の塊のような男で、寝技の緻密《ちみつ》さでは中井祐樹の後《こう》塵《じん》を拝したが、投技も合わせた総合力という点では上だった。しかし、柔道衣を脱げば、豪放な笑顔を見せる魅力的な男だった。

吉田は入学当初は寝技中心の部の方針に反発していたが、先輩たちが七帝戦のたびに見せる涙に感化され、主将に就くころには北大柔道部精神の権化のような男に育っていた。

吉田が亡くなったとき、私は数日遅れて自宅を訪ね線香をあげさせてもらったが、そのとき吉田の母親に「寛裕を北大柔道部に取られたような気がします……」と言われて胸が痛んだのを覚えている。それほど彼は北大柔道部にのめりこんでいた。

私は、この中井祐樹や吉田寛裕、甲斐泰輔たちの三期上にあたる。つまり彼らが一年目の時の四年目だ。当時は京都大学が連勝街道を驀進《ばくしん》中だった。一方の北大は、実に五年連続最下位という最悪の状況に陥っていた。

必死の長期強化がやっと実り、私たちの代が三位、次の代も三位、そして中井たちが三年目のときに準決勝で十連覇中の京大をついに破った。しかし、決勝戦には怪物甲斐泰輔を擁する九大が待っていた。

大将決戦でも勝負は決まらず、代表戦になった。

九大はもちろん甲斐を出してくる。北大は本戦二人目で甲斐を止めた一二八キロの巨漢、四年目副主将の後藤康友を出した。後藤は立っては不利なので寝技に引き込んで下から脚を利かせるが、すぐに甲斐に脚を一本越えられた。甲斐は二重絡みで守る後藤をそのままの姿勢から十字絞めに変化して絞め落とした。

平成四年、最上級生になった中井祐樹や吉田寛裕たちは「打倒甲斐」を合い言葉に一年間対策を練り、大阪での七帝戦一回戦で九大と激突、作戦どおり中井が甲斐を止めて一人残しで辛勝。敗者復活を勝ち上がってきた九大と決勝で再び相まみえ、これを破って十二年ぶりに優勝旗を奪還した。

甲斐泰輔は北大への雪辱のために五年生の七帝戦にかけて猛練習を続けていたが、急性膵臓《すいぞう》炎で二十二歳の短い命を閉じた。吉田寛裕もその後を追うように二十四歳で逝《い》く。

若き情熱が七帝戦の舞台でぶつかり、そしてはじけ散った……。

私は創部百周年を記念して出された『北海道大学柔道部史』（二〇一〇年刊）の編集委員をつとめたので、中井祐樹の寄稿も原稿の段階で自宅で読ませてもらった。

それを読みながら、私はあふれる涙を抑えることができなかった。

そこには吉田寛裕との想い出が、中井らしい優しく淡々とした筆致で書かれていたからだ。


《今1991年春頃の事を思い出しています。或いは初夏のことだったでしょうか。

その日僕は同期の吉田寛裕と珍しく練習後ふたりきりで（最初で最後か）銭湯に来ていました（僕は何故か実は誰かとふたりで行動する事が極端に少ないのです）。

当時三年目の僕はいらいらしていました。西岡さんを始め四年目の先輩方も辛そうに見えました。かつて全国一に輝いた伝統ある部（増田注＝昭和九年の高専大会優勝のこと）を引き継いでいるんだという誇り。しかしそれを望んでも叶えられない現実と力不足。全てが遠く感じられていました。

湯船に浸かりながら僕らはどうしていくべきかを延々と語りました。吉田は少しばかり驚いているようでした。僕はあまり現状を悲観しない人間だと思われていたのかも知れません。いや、悲観じゃなくただ泣きつきたかったのでしょう。四年目の七大戦迄はこの部に賭けようと考えていた僕を吉田は実にポジティヴに受け止めてくれました。そしてスッキリした僕はそれっきりネガティヴな想いを消しました。

結果この年は限りなく優勝に近い準優勝。西岡さんの背負い投げは今も瞼に焼き付いたままです。秋には吉田の援護射撃のつもりで出た個人戦でまさかの正力杯への切符を掴む事となります。翌年我々は優勝カップを奪回する事に成功しました。そして僕は北大を離れました。

あれから15年以上の時が流れましたが僕は未だ問い続けています。立技、寝技。武道か、スポーツか。生きる事、死ぬ事。闘う事の面白さそして闘う意味を世に問う事は僕のライフワークとなりました。今も北大時代は僕の中ではずっと変わらぬいい思い出です》（『部創立百周年記念北海道大学柔道部史』）

文中に《四年目の七大戦迄はこの部に賭けようと考えていた僕を……》とあるように、おそらく中井は三年目のこのとき、すでにシューティングに行くことを決心していたのだろう。

私が中井祐樹と初めて会ったのは、平成元年（１９８９）の四月はじめのことである。四年目で副主将だった私は、いかにして五年連続最下位から脱出するかと、同期の連中と一緒にもがき苦しんでいた。

当時の北大には、かつて重量級のインターハイ選手をずらりと揃えてつねに七帝戦の優勝候補の一角に挙げられ、講道館ルールの優勝大会（学生日本一を決める七人制の大会）でも全国トップクラスの大学と互角勝負をしていた面影はどこにもなかった。

北大が強い頃、東大のOBがこんなことを書いたという話が伝説として残っていた。

《北大は高校時代から柔道ばかりやっていた柔道バカでも入学できる入学難易度の低い大学だから優勝して当然である》

この文章を私は現役時代に部室で何度か探したことがあるが結局見つけることができなかったので、実際にあったものかどうかはわからない。しかし、こういう伝説があること自体、いかにかつての北大が強かったのかということである。

最下位の泥沼から抜け出すために、各代の幹部たちは毎年さまざまな工夫を続け、さらに練習量を極限まで増やしていたが、どうしても勝てず、ずるずると最下位を続けていた。

悪循環だった。

最も大切なのは、とにかく部員を増やすことであったが、入れても入れても、練習の苦しさに新入生が辞めていくのだ。

十五人戦の七帝戦は総力戦である。数こそ力なのだ。レギュラー争いが熾烈《しれつ》にならなければチーム力が上がらない。とにかくだましてでも新入部員を入れ、鍛え上げねばならなかった。

私たちの代は常勝京大を破っていきなり優勝するなどということは考えることすらで

きない状態だった。

私たちがやるべきことは、まずは連続最下位からの脱出だ。そして未来へつなぐ優勝の夢実現のために、部員を増やし、その夢を託すことのできる核となる男をさがしていた。

それは高校時代の実績でも体格の良さでもなく、勝つための強い意志をもった男だった。

寝技中心の七帝柔道においては、一年目のときの実力がそのまま四年目まで変わらないなどということはありえない。

誰が伸びるかやってみないとわからないのである。

それが七帝柔道の最も魅力的なところかもしれない。

インターハイで上位入賞し鳴り物入りで入ってきた重量級の選手と、高校までまったく運動経験のないひょろりとした白帯の少年が、四年後にどちらが強くなっているかわからない……こんな胸躍る世界はほかにないと思う。

その日、私たちはいつものように悲愴《ひそう》感を持って長時間の寝技乱取りを繰り返していた。

全員怪我だらけだが見学なんかしていられない。

七帝戦は三ヵ月後に迫っていた。とにかく穴になりそうな選手を鍛え上げなければならない。

私が下級生を抑え込んでハッパをかけていると、横でやはり誰かを崩上《くずれかみ》で抑えながら「七帝本番だと思って逃げろ！」と怒鳴っている竜澤宏昌《たつざわひろまさ》主将と眼が合った。と、竜澤が「あっちを見ろ」というように顎《あご》で指した。

道場の入り口の方角だ。

私が首をひねってそちらを見ると、ベンチプレス台に座っている見学の一年目が一人いた。

しかし竜澤が言いたかったのはそのことではない。

その見学の一年目の横でまだ入部したばかりの一年目である長高弘《ながたかひろ》が両腕を組んで講釈《で》をたれている。長は札幌北《さっぽろきた》高の柔道部の主将だったので、高校時代からよく北大に出稽古《げいこ》に来ていた。だから同じ一年目でありながら、見学者に先輩風を吹かせて部の説明でもしているようだった。

私は竜澤の眼を見てうなずいた。

竜澤が私に何を求めているのかわかったからである。四年間苦楽をともにした同期とはそういうものだ。

私は、「乱取り交代」の合図があると抑え込みを解き、相手に最後の礼をしてすぐに長のところへ行った。

「長君、彼は一年目かい？」

汗を拭《ふ》きながら、わかっていて聞いた。

「はい。こいつは俺の北高の同期で、レスリング部のキャプテンだったんです」

見学の一年目がきびきびとした動作で立ち上がって「中井祐樹といいます」と頭を下げた。

私が「四年目の増田です」と右手を差し出すと、中井がしっかり握り返してきた。眼をそらさない。気が強い男だ、こいつは絶対欲しいと思った。

「うちは見てのとおり普通の柔道じゃないんだ。寝技ばっかりだろ。レスリング出身者は伸びるぞ。俺が一年目のときの五年目の先輩にもレスリング出身で白帯から始めた人がいたんだけど、最後は一番強くなった。もう入ることは決めたのかい？」

「いえ、それは……」

中井はそう言って頭をかいた。

後から知ったことだが、中井は当時北大正門前にあった極真《きょくしん》空手北海道支部道場へ入るつもりだったのだ。

柔道部が寝技ばかりの特殊なものだと聞いて、ちらりと覗《のぞ》きに来ただけだったという。高校で組み技をやったので大学では打撃を身に付けたいと思っていたそうだ。彼の頭のなかにはすでに総合格闘技（ＭＭＡ＝Mixed Martial Arts の略。柔道やレスリングなどの投技や寝技のほか空手やボクシングなどの打撃技も許されている格闘技）の構想が芽吹いていたのである。

「そうか。まあ練習を見ていってくれよ」

私はそう言って、竜澤が〝私に求めていること〟を始めることにした。

「よし。長君、一本やろうか」

「えっ？　俺ですか？」

長は嬉《うれ》しそうに「じゃあよろしくお願いします」と言って頭を下げた。高校の同級生の前で四年目に名指しで乱取りを所望されたのが誇らしいようだった。

本来ならば道場の真ん中まで移動してから乱取りを始めるべきだが、私は中井の目の前で長と組み合った。そしていきなり跳び付き腕十字で、かなり強めに極《き》めた。長が悲鳴を上げて手を叩《たた》いた。私はすぐ離した。

長は立ち上がると首を傾げながら組んできた。高校生として出稽古に来ていた当時の長には力を抜いて相手をしていたから、私に抑え込まれたことはあっても関節を極められた経験がないのである。私は片手を持った瞬間、今度は反則すれすれの脇固めを極めた。長がまた「痛い！」と声を上げながら畳を叩いた。

中井が身を乗り出して見ている。十八歳のその眼は好奇心に輝いていた。

そこから私は長を立たせず、関節技を極め続けた。腕十字、腕緘《うでがら》み、三角からの腕固め、そして当時は地球の裏側でそんな名前が付けられているとは知らないオモプラッタなど、とにかく中井の興味を惹《ひ》くために、できるだけ見栄えのいい派手な技を使った。

六分が終わり、乱取り交代の合図があった。

長はふらふらになりながら最後の礼をした。そしてそのまま中井の横に座り込んで休もうとした。しかし、そこにやってきたのが竜澤である。

「おう、長君。彼は一年目かい？」

私と同じことを聞いた。私はにやつきながら横目で見ていた。

「あ、はい。北高時代の同期で中井っていいます。レスリング部出身です」

長が息を荒らげながら言った。

「ほう、レスリングか。伸びそうだな」

竜澤が嬉しそうに笑った。

「主将の竜澤だ。よろしく」

竜澤がやはり右手を差し出すと、中井が今度は明らかに憧《あこが》れの色をたたえた眼で竜澤の手を両手で握り返した。

竜澤が「うちに入れよ」と言うと、「そうですね、はい」と、かなり態度が前向きになっていた。

竜澤と眼が合った。

私が〝もう少しだな〟と眼で言うと、〝任せとけ〟とやはり眼で竜澤が返した。

竜澤が言った。

「じゃあ長君、俺とも一本お願いできるかな」

長が「えっ」と引いた。私と竜澤の意図に気づいたのだ。だが、今さらどこに逃げるわけにもいかない。

「よし、こい」

竜澤が組むや寝技に引き込んで下から返し、そこから私以上の技のデモンストレーションをやった。

横三角で一気に絞め上げ、長が「参った」するたびに技を緩め、逃げる方向逃げる方向へ関節技や絞め技を極める。

入ったばかりの新入生なのでさすがに落としはしなかったが、長は痛みと苦しみに絶叫し続けた。前三角、後ろ三角、そして腕緘みのあらゆるパターン。

中井はベンチから尻《しり》が半分落ちるほど前のめりになり、興奮しながらその技の数々に魅入っていた。

はたして、練習後のミーティングで中井は「入部します!」と宣言した。

引退試合である七帝戦は七月の半ばだったから、私は中井と三ヵ月だけ現役時代が重なっている。

おそらく三十本や四十本は乱取りをやっているはずだが、私には一回しか記憶がない。当時は七帝戦十五人のメンバーに入る十三番目、十四番目、十五番目の選手となる穴の三年目や二年目を鍛えるのに必死で、一年目との乱取りは四年目にとって流す程度のものだったから当然だ。しかも中井はまだ白帯だったのだ。

しかし、中井との乱取りを一本だけ覚えているのにはわけがある。

投げられたのだ。

その瞬間の光景と感覚だけは、二十年以上たった今でもはっきりと覚えている。

裏投げだった。

いや、裏投げではなかった。プロレスでいうバックドロップ、アマレスでいうバック投げだ。

裏投げだったら、いくら私がなめていたとしても投げられなかっただろう。

バックドロップだったので、防ぐタイミングがずれたのである。

そしてブリッジをきかせたそのバックドロップで、私は後頭部から畳に叩きつけられた。

私は照れ隠しに笑いながら立ち上がった。

問題はそこからだ。

私が立ち上がると、中井は「よし！」と気合いを入れながらすでに私と組み合うのを待っていた。

中腰で、脇を締め、両手を鷲《わし》のように開いて相手を捕まえんとするポーズで。

レスリングの構えであった。

その表情には、また投げてやろうという意志があった。

普通、白帯の一年目が四年目に対してこんな態度をとることはありえない。

もちろん北大柔道部では意味のないいじめのようなことはなかったが、それでも格闘技の部である。取れば何倍にもなって取り返されることはわかっている。

力が四年目と拮抗《きっこう》しているかなり強い三年目であっても、取った後は怖がって精神的に引いてしまうことが往々にしてある。それは私とて同じである。下級生のころはもちろんそうだったし、最上級生になってからも出稽古先で格上の選手を取ってしまったあとは、やはり怖くて気持ちが引いてしまいがちだった。

中井は白帯のその時代から、そういうことをまったく怖れていない男だった。鍛えて身に付けたものではない、生まれつきの剛胆さを持っていた。

私は、この三ヵ月後、四年目の最後の七帝戦が終わると北大を中退して新聞記者となった。そのまま忙しくて道場に顔を出さなくなった。

しかし、その年の秋頃には中井の寝技がどんどん強くなっているという噂を監督やコーチ経由で聞くようになっていた。やはりな、と嬉しくなった。

二年目の七帝戦ですでに先輩たちを押しのけてレギュラー入りし、分け役としてきっちり役割を果たしている。

当時、部員は四十五人ほどいた。白帯から始めた中井がわずか一年三ヵ月の練習で十五人のメンバーに入るのは驚異的な実力の伸び方だった。

三年目時には下からも脚が利く本格的な寝技師となり、七帝戦本番ではインターハイ三位の実力者を下から返し、横三角から腕を縛って簡単に抑え込んでしまった。

国際ルールの体重別個人戦でも北海道予選を寝技で勝ち抜き、正力杯《しょうりきはい》（インカレ）で寝技を駆使してベスト16に入っている。これは国際ルールだったからベスト16だが、引き込みありで寝技膠着《こうちゃく》の「待て」がない七帝ルールならば当然もっと上にいっていただろう。

中井は、大学で白帯から始めたとはとても思えない、化け物のような寝技師に育っていたのだ。

もちろん超一流のブラジリアン柔術家となった現在の中井と比べれば力が落ちるのは当然だが、少なくとも、まだブラジリアン柔術が入ってきていない当時の日本では最高レベルの寝技技術を身に付けていたのは間違いない。

長く北大柔道部を指導してきた佐々木洋一コーチが、中井が短期間で強くなった秘密を私に教えてくれたことがある。

「夜の練習が終わると、練習熱心なやつらは居残って技の研究とか腕立て伏せ千回だとかウエイトトレーニングとかやってるだろ。ああいうことやってる連中は強くなってるよな、みんな。努力すれば当然強くなる。だけどな、中井はそんなことしてなかったよ。だからその強くなった連中以上に飛び抜けて強くなったんだ」

「何してたんですか？」

「道場の真ん中で大の字になって一時間くらい動けないで天井仰いでるんだ」

「…………？」

「それくらい乱取りで全力を尽くしてるんだよ。一本一本の乱取りでいっさい手を抜いてないんだ。だから研究とかウエイトとかやる余力が残っていなかったんだ。俺は二百人近く選手を見てきたけど、そんな選手は中井しかいなかった」
「技術的にはどんな感じなんですか」
「教えたこと教えたことすべて吸収しちまいやがる。さらにそれをアレンジして自分流にしてしまうんだ。そして『もっと教えてください』って何度も何度もやってくる。しつこかったよ。そのうち教えることがなくなっちゃったよ。あとは自分の力でするすると高みにのぼりつめていったんだ」

中井は四年目の夏、悲願の七帝戦優勝を遂げると北大を中退し、シューティングに入門するために横浜《よこはま》へ移り住む。

この中退してのシューティング入りについては年配のOBたちが大反対した。OBのなかで積極的に賛成したのは私と当時の岩井眞監督の二人だけではなかったかと記憶している。

北大柔道部旧交会（OB会）が毎年発行する『北大柔道』という部誌がある。これには学生のほか、OB、指導陣らが寄稿するのだが、中井たちが引退した年、岩井監督が中井に言及した部分を拾ってみよう。

《副主将の中井は、大学から柔道を始めたが北大を代表する寝技師に成長した。三年の時には体重別71kg以下級で準優勝、更に全日本では関西代表選手を寝技で破り、北大の寝技が全国・国際ルールでも充分通用することを示してくれた。

彼の特徴は何といってもそのガッツであり、稽古の時から気力に溢れ、道場の窓が開いている時は武道館に近づくにつれ、窓が閉まっている時には武道館のドアを開けると彼の掛け声が聞こえ、私自身気が引き締まる思いがした。

7月の出陣式の際「今年は僕、甲斐でいいですよ」と中井から切り出してきたが、その言葉に彼のフォア・ザ・チーム・七大戦にかける意気込みを感じたし、また、おぼろげながらにイメージしていた対九大の作戦が固まっていった。

彼は8月に大学を中退し、「シューティング」という格闘技の道に進んだ。「何故？」と首をかしげる人もいるだろうが、それも一つの生き方であり、私自身としては彼の今後の活躍を楽しみにしたい》（『北大柔道』平成四年度版）

すでにアルバイトしながらシューティングの練習に没頭していた中井自身は、横浜から〈ドント・ルック・バック〉という題名でこんな原稿を送ってきている。


《皆さん、お元気ですか。僕は今、バイトに稽古にと多忙な日々を送っております。結構シンドイと感じることもありますが、どうにかこうにかやっています。現役部員として部誌を書くのは最後ということで少し緊張して机に向かっているところです。

僕が北大にいた3年4カ月を現在、冷静になってみて素晴らしいと言えるのはやはり柔道があったからだと思う。食事や睡眠など生活のほとんど全てをそそぎ込み、熱中した柔道、技術を創り上げることとは何か、そしてその喜びを知った柔道、自分の考え方を生み出す原動力（あるいは基準、アンチテーゼ）となった柔道（部）、講道館柔道に七帝柔道など、自分の中で柔道は様々な表情をしていたとつくづく感じる。そんな中で七大戦を優勝で飾ることが出来たということは、取りも直さずやるべきことはやったということを意味していた。だからこそ、僕は今ここにいるのだ。（中略）

七帝前の壮行会で酔った椛島《かばしま》（増田注＝次期主将）に「中井さんには（進路は知っているけど）もう1年やって欲しいんです」と言われた。でも僕は「俺が柔道部に残ることは楽なことなんだよ」と答えた（増田注＝中井は留年していたので五年目の七帝戦の出場資格があった）。真意が伝わったかどうか分からないが、僕には心の安らぐ場所であった柔道部、そして北大を去ることの方が長い目でみてベターであると思っていた。ただそれだけのことだった。（中略）

諸先輩の方々、14人の同輩達、後輩諸君、本当にどうもありがとうございました。シンドイ時は皆さんの励ましの言葉を思い出して、元気を出したいと思っています。

それでは、ジムに行ってきます。

もう昔は、振り返りません。

サンキュー、じゃあね。

10月3日》

中井は、前へ前へと走り始めていた。

だが中井がこの原稿を書いたわずか五ヵ月後、平成五年（1993）三月に九大の甲斐泰輔が急逝するという悲報が届いた。

急性膵臓炎、まだ二十二歳の若さ、あまりに突然のことだった。

打倒北大のために五年生の七帝戦に賭《か》けて練習に励んでいた好漢の急死を他大学のOBたちも嘆き悲しんだ。


四月、中井から私のもとに手紙が来た。


《前略　辺りもすっかり暖かくなりました。皆様如何お過ごしでしょうか。

さて、私が横浜にてシューティングを始めてから8カ月の時が流れました。

そしてこの度、4月26日（月）の後楽園ホール大会に於て当日の第一試合として私のデビュー戦が決定致しました（当日は6時開場、6時半試合開始となって居ります）。なんとかここまで漕ぎ着けることが出来ましたのも皆様のご支援のおかげです。感謝の念に堪えません。

私にとりましてこれが出発点であり、これからも理想に向け精進してゆく所存で

す。今後も変わらぬご指導宜しくお願い致します。　草々》

本来ならば大学を卒業して入社する時期である。そういう意味で、彼にとってのデビュー戦は卒業式と入社式を兼ねた元服式のようなものだった。

私はこの試合には仕事で行けなかったが、則次宏紀に53秒で快勝している。二ヵ月後の六月二十四日には倉持昌和《くらもちまさかず》に2R1分36秒ヒールホールドを極《き》めて連勝した。

この三週間後、私は京都で開かれた七帝戦で中井に会った。

もちろん中井もOBとして学生の応援に来たのである。

いまの静かな雰囲気からは想像もつかないだろうが、中井は宿舎でOBたちに久々に会い、かなりはしゃいでいた。いきがっているようにも見えた。

いや、正確に言うと中井のシューティング入りを応援していた私にはいきがっているようには見えなかったが、その他の大多数のOB、とくに重鎮たちにはそう見えていたようだ。

饒舌《じょうぜつ》だった。

有名プロレスラーの名前を何人か挙げ、「真剣勝負なら簡単に勝てますよ」と言った。

多くのOBが鼻白んでいた。

当時、プロレスラーの実態について世間は何も知らないに等しかったのだ。

私は場を和ませようと「ヒールホールドってどれくらい痛いのか俺にかけてみてく

れ」などと言った。中井はかなり力を入れてかけてきた。私は絶叫した。

「どうですか。痛いでしょう?」

中井は人なつっこい表情で笑っていた。

しかし、眼の奥の光は真剣だった。中井は、その痛みで自分たちがやっていることを知ってもらいたかったのだ。

私には彼が饒舌になっているのは自分を鼓舞させようとしているのだとわかっていた。シューティング自体が、まだ迷走の最中だったのだ。

「シューティング? あんな小さいやつらがごちゃごちゃやってなんになる? レスラーに捻《ひね》り潰《つぶ》されるだけだよ」

プロレスファンはそう言って笑っていた。

プロレスが真剣勝負だと思っている人がまだたくさんいた。

それほど〝プロレスの壁〟が高かった時代なのだ。

当時、世間の無知とただ一つ戦っていたプロの団体、それがシューティングだったのだ。

中井の饒舌は、その無知に対する怒りの表現のように思えた。

かつて柔道の競技者だったはずの北大OBでさえよくわかっていないのだ。格闘技を経験したことがない一般のファンに真実を伝えるには、とてつもなく高いハードルを越える必要があった。

横浜に一人で出てシューティングに入門したものの、中井は闇のなかを駆けているような感覚に陥っていたに違いない。

自分が強くなっていることは実感していた。

だが、未来が見えないのだ。

それはもちろん収入が安定しないとか、そんなちんけな未来のことではない。

中井はそんなことを気にする男ではない。

そうではなくて、無知な一般の人たちに真実を伝えるのに何の手だても持たない焦りがあったのだ。

当時はそのための公平なリングがシューティングにしかなかったのである。

しかし、そのリングに有名プロレスラーが上がってくれるわけでもない。

八百長と真剣勝負の境目は、ファイトマネーの積み合いのバランスで決まっていた。

しかし、興行収入の多寡でファイトマネーが決まる以上、当時のプロレスとシューティングでは勝負しようがなかった。

後にプロレスラーがPRIDEなどの総合格闘技のリングに上がって負けざるをえない状況ができたのは、ファイトマネーが、あるときを境に大きく逆転したからにほかならない。

シューティングが、真剣勝負が、総合格闘技が、世間の認知を得て成立するには、自力では不可能だったのである。神風がどこかから吹く以外、道はなかった。

中井たち当時のシューターたちは、他力本願に頼らざるを得ないそんな状況にいらついていたのだ。

京都での七帝戦応援の後、時間が合ったので、私と中井は同じ新幹線に乗って一緒に帰った。

中井はたくさんの人がいる場所から二人だけの空間になると落ち着き、冷静に話した。中井のシューティング行きを応援している私だけを前にしているからだと思った。

「デビュー戦は（吉田）寛裕も来てたらしいな」

「ええ。両親に連れられて。この試合だけはどうしても観たいって言って無理言ってついてきてもらったらしいですよ。ほんとうにありがたかったです。あいつの目の前で勝ててよかったです」

このとき中井は少しだけ複雑な表情をした。

私も複雑な表情をしていたと思う。

そこには、あの闘志の塊だった吉田が、朗らかさの象徴だった吉田が、なぜか心のバランスを崩して大学を休学せざるを得なくなり、都内の実家に住む彼にとっては遠くもない後楽園ホールにさえ両親の同伴がなければ行けない状況にあることに対する悔しさと悲しさがあった。

そしてそんな体調にもかかわらず「中井のデビュー戦だけは何としても行かなくては」という親友としての、いや元主将としての悲愴《ひそう》感のようなものが痛々しかったのだ。

私には中井の気持ちがよくわかった。

私の代の主将竜澤が吉田のような状況に陥り、自分が中井の立場だったらどう感じるだろうと重ねて見ていた。主将というのは同期の象徴であり、同期の誇りだった。その思い入れがとくに副主将経験者には強いのかもしれない。

中井は言った。

「実はあのデビュー戦のとき、僕、リングの上で甲斐の顔が浮かんでしかたなかったんです」

「甲斐って、このあいだ死んだあの九大の甲斐か？」

「ええ。リングに上がってから、ずっと甲斐のこと考えてました」

「…………」

この年の十一月二十五日、中井は先輩寝技師である朝日昇《あさひのぼる》と5Rフルに戦い判定で敗れている。これを中井は善戦ととったのか悔しい試合ととらえたのかはわからない。

ただ、この試合のほんの少し前、世間の無知を変え得るかもしれない、待ちに待った神風のようなものが吹き始めたのを中井を含めたシューティング勢は感じ始めていたはずだ。

一九九三年十一月十二日、米国コロラド州デンバーで第一回UFCが開かれたのだ。

UFCとは「Ultimate Fighting Championship（究極の格闘技大会）」の略で、当時はまだ日本ではUFCとは呼ばれず「アルティメット大会」と呼ばれていた。金網に囲まれたオクタゴンといわれる八角形のリングに入り、試合はほぼノールールでグローブ無しの素手。噛《か》みつきと眼球突き、金的（睾丸《こうがん》）攻撃だけを禁じて他は何をやってもいいという、文字どおりアルティメット（究極）の格闘技大会だった。マスコミに対するプレスリリースには「二人の男が金網に入り、一人の男だけが出てくる」という過激な惹《じゃっ》句《く》が使われていたが、まさに試合は喧嘩《けんか》そのものの様相となり、負傷者が続出した。

八人によるこの過激なワンデートーナメントを制したのは、グレイシー柔術というマイナー格闘技を身に付けたホイス・グレイシー、痩身《そうしん》のブラジル青年だった。

当時は空手家やヘビー級ボクサーが素手で顔面を殴れば相手は死ぬと言われ、このようなノールールに近いルールで試合を行うことは不可能だといわれていた。そしてそのような幻想があったからこそ、実戦では空手家やボクサーが最強だと思われていた。しかし、実際に試合をやってみると、殴られても蹴《け》られても流血するだけで死にはせず、むしろ組技系の格闘技の方にアドバンテージがあることがわかった。とくにこのホイス・グレイシーは、空手家やボクサーと距離をとりながらタックルで組み付き、寝技に持ち込んで絞技や関節技を狙うという非常にテクニカルな戦い方で、独壇場のように優勝してしまった。

格闘技マスコミはこぞってこの試合の詳細を報じ、真偽（八百長説さえ流れていた）や舞台裏を書いていた。

いま思えば、まさに世界の総合格闘技の夜明けが始まろうとしていたのだ。

年が明けた平成六年（１９９４）三月十一日の第二回ＵＦＣには大道塾《だいどうじゅく》の市原海樹が参戦してホイスの片羽《かたは》絞《じ》めで完敗した。

いよいよ日本の格闘技マスコミが蜂の巣を突ついたような騒ぎになってきた。

吉田寛裕が逝《い》ったのはその翌月、四月のことだ。二十四歳だった。

「甲斐に続いて吉田までなぜ……」

関係者に衝撃が走った。

吉田が心のバランスを崩したのは、七帝戦で燃え尽きてしまって目標を見失ったからかもしれない。

あるいはライバルだった九大の甲斐が急逝したことも引き金の一つになったのかもしれない。

しかし、ならばどうして先輩である私たちはそれをフォローしてやれなかったのか……。

私の心中にも、そういった慚愧《ざんき》が拭《ぬぐ》っても拭っても沸き上がってきた。

しかし、最もショックを受けたのは親友だった中井だったはずである。

シューティング主催でホイス・グレイシーの兄ヒクソン・グレイシーを招聘《しょうへい》し、八人によるワンデートーナメント「バーリトゥード・ジャパン・オープン94」が開かれたのは、そんなときである。

七月二十九日であった。

大会ではグレイシー一族最強を謳《うた》われるヒクソンの強さが際だっていた。ホイスが「兄のヒクソンは僕の十倍は強い」と言っていた言葉をこの大会で完全に証明した。

しかし、それ以上に衝撃的だったのが、シューティングのエース二人、川口健次《かわぐちけんじ》と草《くさ》柳和宏《やなぎかずひろ》が打撃系の選手に血まみれにされて負けたことであった。

中井はこの試合前から「私を出してください！」とシューティング代表の佐山聡《さやまさとる》に直訴し続けていたという噂を聞いている。それについて本人に確かめたことはないので何とも言えないが、あの当時の彼の心理状態ならば充分あり得たであろう。

佐山聡は、この川口と草柳の惨敗で中井の寝技に頼らなければならないと気づき始めていたのではないか。

だからバーリトゥード・アクセスと冠して初めてバーリトゥード・ジャパン・オープンルールを採用して行われた九月の大会で、ブラジリアン柔術黒帯のアートゥー・カチャー（ホイラー・グレイシーの直弟子）と中井祐樹の試合を組んでいる。

中井は3R8分を戦い抜きドローまで持っていった。

これで「いける」という空気が膨らんだ。

そして十一月七日の草柳和宏とのタイトルマッチで判定勝ちをおさめ、修斗ウェルター級チャンピオンに上りつめた。

これにより、中井を次の年のバーリトゥード・ジャパン・オープン95に出場させるというレールが敷かれた。

中井はシューティングの切り札だった。

しかし、中井の出場とトーナメント組み合わせが発表されると、マスコミ各社はその危険性を訴えた。

一回戦の相手は第一回UFC準優勝のジェラルド・ゴルドーだった。

一九八センチ、一〇〇キロ。一七〇センチ、七一キロの中井とは、身長で二八センチ、体重で二九キロの差があった。

私も相手がゴルドーと聞いて「これはちょっと……」とさすがに思った。

試合の数週間前、私のもとに一本の電話があった。ダム技術者になって秩父《ちちぶ》の現場にいた竜澤からだった。

「中井はリングで死ぬ気らしいぞ」

そう言った。

今度の試合で死ぬかもしれない——そう言っているというのだ。

おそらく中井がだれかに漏らしたのを岩井眞監督経由で聞いたのに違いない。もちろん最初から私は日本武道館に観に行くつもりだったが、この電話で「絶対に彼の死を見とどけてやらねば……」という気になった。

相手はUFCでもあれだけのことをやった凶暴なゴルドーである。体格差だけではなく、危険なのだ。勝つとか負けるとか、そういうレベルの試合になるとはまったく思っていなかった。

当日、私は竜澤と松井隆の二人の北大柔道部同期と待ち合わせて応援に行った。

二階席の最前列に陣取った。

はじめはリングサイドの一番いい席を取ろうと思っていたが、寝技勝負になるだろうから上からの方が観やすいだろうと思い直したのだ。一階席は満員で、リングサイドには大相撲の小錦《こにしき》や武蔵丸《むさしまる》、正道会館《せいどう》の石井和義《いしいかずよし》館長、極真の岩崎達也ら有名人がずらりと並んでいたが、二階席は六割の入り、がらがらとは言わないが、とても満員と言える状態ではなかった。

「中井の控室に行きたいな」

竜澤が前髪をかき上げながら言った。緊張が高まってきたときの彼の癖だ。

「それは無理だろう。関係者じゃないんだから」

私も、すでに心臓の鼓動が速まっていた。

「でも、行って、俺たちが観ているんだ、ついているんだってことを教えてやりたい」

「それなら激励賞を出すか」

「激励賞？」

私は、ボクシングなどの格闘技興行ではつきもので、相撲の懸賞金のようなものだと説明した。選手控室に直接届けてくれるはずだ。

さっそく売店で封筒とボールペン、糊《のり》を買ってきた。そして表に〈激励賞、中井祐樹選手〉、裏に〈北大柔道部OB、竜澤宏昌・増田俊也・松井隆〉としたため、一万円札を突っ込んだ。封をしようとしてふと思いついた。

「何か紙切れないかな。一言書き添えよう」

「何でもいいのか」

松井がポケットからコンビニか何かのレシートを出した。私はそのレシートを受け取ると、裏に〈北大柔道部精神を忘れるな〉と書いて封筒に入れ、糊付けした。急がないと試合が始まってしまう。廊下に出て、バイトの係員に「絶対に本人に手渡してください。試合前にですよ。絶対ですよ」と念押しした。試合前に本人に渡らなければ意味がないのだ。

私は何度も何度もトイレに立った。他の二人もそわそわと落ち着きがなかった。

開会式で選手全員がリング上に整列したが、中井だけがひどく小さく、貧弱に見えた。

あの激励賞は中井に届いているのだろうか。私たちは何度かそう話し合った。中井は怖くはないのか。気が気ではなかった。

「デビュー戦のとき、リングの上で甲斐の顔が浮かんでしかたがなかったんですよ」と言っていたのを思い出し、いま中井は吉田寛裕と甲斐泰輔のことを考えているのだろうかと思った。

中井vsゴルドーは第二試合だった。

一試合目なんか目に入ってなかった。中井の試合のことばかり考えていた。

両者がリングに上がった。

〈青コーナー、プロフェッショナルシューティングウェルター級王者、中井祐樹！〉

アナウンスがあった。

中井はマウスピースを何度か嚙《か》み直しながら右手を挙げて応《こた》えた。私たちを入れても声援は会場全体で数えられるくらいしか上がらない。

一方のゴルドーが紹介されると、会場は一斉に沸いた。明らかにゴルドーがUFCで見せた残虐性を観客は期待していた。リングスの山本宜久が参戦しているので、観客の八割以上をプロレスファンが占めているようだった。

ゴングが鳴った。

中井が上半身を振りながらタックルにいく。つかまえた。

「よし！」

竜澤が言った。

しかし、ゴルドーはそのまま後ろに下がり、トップロープを左腕で抱えて倒されないようにしてから右腕で中井の頭を抱えた。中井は左足をゴルドーの右膝裏にかけて倒そうとするが、ゴルドーがロープを抱えているため倒せない。

「中井、そのまま離すなよ！」

私は大声を出した。

すぐにレフェリーとリング下の係員が何か話しだした。そしてレフェリーの「ストップ！　サミング！」という小さな声が聞こえた。レフェリーは親指を立て「コーション！」と言った。

〈ジェラルド・ゴルドー選手に注意1です〉

場内アナウンスが入ると場内が沸いた。

このときすでに、中井の右眼はゴルドーの親指の爪によって眼球の裏までえぐられていた。

しかし中井は黙ってゴルドーに抱きついたままだった。

二階席から応援する私たちにもサミングがあったことはわかったが、まさか失明するほどのダメージを受けているとはまったく気づかない。

中井の精神力は人間離れしていた。

当時の観客のマナーはひどかった。この膠着《こうちゃく》状態に「何やってんだよ！」とか「いつまでも抱きあってんなよ、オカマか！」という声が飛び、それに対して笑いが起きたりしていた。

第1Rはそのままの姿勢で終わった。セコンドはラウンド間の休憩に中井の右眼のあたりを氷嚢《ひょうのう》で冷やしていた。

第2Rが始まってコーナーから飛び出す。

中井の右眼から血が流れていた。

中井が軽く前蹴《まえげ》りにいったところにゴルドーが右ローキック、それに合わせて中井が滑り込むようにそのゴルドーの右脚を捕まえ、下から両脚をからませる。

ヒールホールド狙いだ。

しかし、ゴルドーはまた片手でロープをつかみ、上から激しいパウンドを浴びせた。

場内が大歓声に包まれた。

「ゴルドー！　殺せ！」

ゴルドーの拳《こぶし》が打ち下ろされるたびに中井の後頭部がマットにぶつかる大きな音が響き、右眼から鮮血が飛び散る。

私たち三人は「中井、逃げろ！」と叫び続けた。

しかし、場内全体が殺気立ち、観客たちは劣情をもよおしていた。

私たちのまわりの観客もひどい野次を繰り返していた。

「そのまま中井を殺しちまえ！」

後ろの観客が叫んだ。

「こら、おまえらうるさいぞ」

熱血漢の竜澤が後ろを振り向いてすごんだ。

五人くらいで見ていたそのグループは怖がって黙ったが、しばらくするとまた野次りだした。私たちが中井の先輩だなどとは夢にも思っていないだろう。だから竜澤がどうして怒ったのかわかっていないのだ。

「殺せ！」

また後ろの観客が大声を出した。

「ちょっと遠く行って観てくれんか」

今度は私が振り向いて言った。

彼らはまた黙った。

私が前に向き直ると、こそこそと後ろで何か話している。そして「おまえらこそうるせえんだよ」と聞こえよがしに言った。

その瞬間、私の横に座っていた松井が「いいかげんにしろ！」と後ろを向いて立ち上がった。顔が真っ赤だった。私や竜澤はもともと喧嘩《けんか》っ早《ぱや》かったが、松井が怒ったのを見たのは初めてだったので、私たちが驚いた。

そのグループは松井の剣幕に驚き、さらに竜澤と私が後ろに向き直ってにらみ付けたので舌打ちして他の席へ移動してしまった。

試合は凄絶《せいぜつ》なものになっていた。

またゴルドーの激しいパウンドが始まる。

ロープ際からエプロンサイドに中井は逃げる。それでもゴルドーは叩《たた》き続ける。見ていられなくて私は目をそらした。

「もう試合放棄してもいいんだぞ……」

松井が苦しげにつぶやいた。

私も同じ気持ちだった。わかったから中井……おまえの心意気は充分わかった……試合放棄しろ……。

場内全体の野次やブーイングはひどくなるばかりだった。

「ドント・ムーブ」

レフェリーが両者の動きを止め、リング中央に二人を移動させた。

場内が沸いた。

残酷シーンがまた見られると思っているのだ。だが、そこからゴルドーは立ったまま腰に両手を当てて攻めてこず、中井は仰向《あおむ》けに寝たまま両手で「カモン!」とやっている。いわゆる猪木《いのき》vsアリ状態だ。

野次がまたひどくなる。

しかし中井はそんなものは気にしてないように「カモン」とゴルドーを寝技に誘い続ける。中井の心は折れていない。

長い長い第2Rが終わった。

コーナーに戻った中井の顔面は大きく腫《は》れ上がり、右眼の出血もかなりひどくなっていた。

それを氷嚢で冷やされながら、しかし中井の左眼は、ずっと赤コーナーのゴルドーを見据えていた。

中井が戦っているのは目の前のゴルドーではあったが、中井が本当にやろうとしていたのは無知な世間を引っ繰り返すことだった。

京都で会ったときの中井の饒舌《じょうぜつ》、魂の叫びをリング上で見た気がした。いま、中井は言葉ではなく、体でその叫びを表現する場を得ている。ならば中井は、この戦いを楽しんでいるのではないのか——ラウンドの合間に私たちはそんな話をした。そう考えると少し気が楽になった。

試合は嫌になるほど延々と続いた。

観客は同じ展開に飽き始めていた。

しかし、私たちだけは奥歯を噛みしめてリング上の中井と痛みを共有しようとしていた。

私は、もうどんな残酷なシーンでも目はそらすまいと思った。中井があきらめないで戦い続けているのに先輩の私たちがそれから目をそらしたらあまりにも情けないではないか。

リング上の中井は8分無制限ラウンドを延々と戦い続けていた。

タックルでつかまえる中井。ゴルドーはまたロープを抱える。

「中井！」

ロープを抱えたままのゴルドーに抱きつく中井に私たちは叫び続けた。

しかし、リングは遠く、とてもその声は届かない。やはりリングサイドの席を取ればよかった。そう思いながら、ただただ「中井！」と名前を叫び続けた。ほかに何もしてやれないのがもどかしかった。

4R。中井が両脚タックルからゴルドーをコーナーに押し込んだ。

ゴルドーがフロントチョークを狙う。

極《き》まっているように見えた。

だが、中井がゆっくりと体を下げながらそれを外し、ゴルドーの左脚に自らの両脚をからみつけた。

観客がまた残酷なパウンドを期待して騒いだ。

しかしゴルドーがパウンドを打とうとしたその瞬間、中井が渾身《こんしん》のヒールホールドを仕掛けた。ゴルドーの上半身がぐらりと揺れて、ゆっくりと倒れていくシーンを、私は昨日のことのように覚えている。

ゴルドーがマットを叩いた。

武道館内の野次が大歓声にかわった。

中井が自らの力で世間を引っ繰り返した瞬間だった。

私は頭のなかが真っ白になって竜澤と松井と握手を繰り返した。

準決勝のクレイグ・ピットマンも一一五キロの重量級。さらに全米アマレスチャンピオンという経歴からゴルドー戦よりも面倒なように思えたが、中井は下から腕挫《うでひし》ぎ十字固めをきっちり極めてみせた。

決勝の相手ヒクソン・グレイシーは顔面を大きく腫らしながら決勝に上がってきた小兵の中井に敬意を表したような戦い方をした。私たちは流れるような二人の寝技戦に魅入った。

この大会が、本当の意味で日本のMMAの嚆矢《こうし》となった。

神風を起こしたのは、たしかにグレイシー一族でありUFCであった。

しかし、神風が吹くだけでは大きな波がおこるだけで、その波を乗りこなせるサーファーがいなければ、波はただ岸にぶつかり砕けて消えるだけだ。

神風が起こした大波を、右眼失明によるプロライセンス剝奪《はくだつ》という死刑宣告と引き替えに乗りこなした中井祐樹がいたからこそ、日本に総合格闘技が根付き得た。それだけは格闘技ファンは絶対に忘れてはいけない。

文芸編集者や評論家に、こう言われる。

「どうしてそんなマイナーなものを書いてるんですか？　せっかく作家になったんだから、もっとエンターテインメント性のある小説をたくさん書いてメジャーを目指した方がいいですよ」

マイナーな話とは武道雑誌『月刊秘伝』に連載中の自伝的小説『七帝柔道記』シリーズのことだ。

私はなんと答えたら納得してもらえるかわからないので黙っているが、本心はこうだ。はっきり言うがマイナーな話なんかじゃあない。

偉大なる物語だ。

青春の全エネルギーを七帝柔道というチームスポーツに燃焼しつくし、二十二歳で逝《い》った甲斐泰輔への、二十四歳で逝った吉田寛裕への鎮魂歌だ。

そして、二人の大切な友を失いながら強さだけを追い求め、リング上で世間の無知を覆し、世間の偏見を引っ繰り返すために、たった一日だけ鮮烈な光を放って消えた〝総合格闘家中井祐樹〟への鎮魂歌だ。最後のクライマックスはもちろんバーリトゥード・ジャパン・オープン95である。

連載を終え、書籍になってそれを吉田と甲斐の両親に手渡すまでは、私の七帝戦は終わらない。いや、日本の格闘技史の総括は終わらないと思うのだ。

中井が平成元年の四月、北大道場を訪れず極真空手に入門していたら、いまの中井はなかったであろう。極真からシューティングに進んでいたとしてもゴルドーに勝つことはできなかったはずだ。

あの日、中井祐樹という稀代《きたい》の勝負師が、たまたま北大道場を訪れ、たまたま入部し、そこで親友の吉田とライバルの甲斐という好漢二人に出会い、寝技にのめりこんだ。それが現在の総合格闘技シーンの巨大な潮流を作ったのは間違いない。

奇跡以外のなにものでもないではないか。

この奇跡を、私が書かないで、いったい誰が書いてくれるというのか。

超二流と呼ばれた柔道家

【古賀背負われ沈む】

【全日本選抜体重別柔道】

アトランタ五輪の代表最終選考会を兼ねて七階級を行い、五輪二連覇をねらう八六キロ級の吉田秀彦（新日鉄）と七八キロ級の古賀稔彦（慈雄会）は明暗を分けた。吉田は右足の故障に苦しみながらも大会二連覇を達成したが、古賀は準決勝で堀越英範（三重・名張高教）に背負い投げで一本負けする波乱があった。堀越は3年ぶり2度目の優勝。

注目された中村三兄弟は、九五キロ級の長男・佳央、六五キロ級の二男・行成、七一キロ級の三男・兼三（いずれも旭化成）がそろって優勝した。三兄弟優勝は大会初。

六〇キロ級は野村忠宏（天理大）が元世界チャンピオンの園田隆二（警視庁）を、九五キロ超級では真喜志慶治（警視庁）が小川直也（日本中央競馬会）を下して、それぞれ初優勝した。（産経新聞一九九六年四月八日付朝刊）

堀越英範《ほりこしひでのり》は、父にすすめられ、小さなころから火木土は柔道場、月水金は剣道場通いする武道好きの少年だった。もともと無器用な堀越少年には、黙々と打ち込める武道修行は合っていた。

中学で柔道部に入ると、剣道場通いをやめて柔道ひとつにしぼり、激しい乱取りだけではなく毎日五〇メートルダッシュを五〇本やるなどしてフィジカルも鍛えぬき、中学三年で三重県の中学チャンピオンになった。

中学生としては図抜けた練習量を続けていたので、名張桔梗丘《なばりききょうがおか》高校に進学したときもある程度の自信があった。

だが、ある日、堀越の打ち込みを見ていた宮下豊師範に言われた。

「おまえ、そんな背負いじゃ駄目や。俺の天理（大学）の同期に野村《のむら》ちゅうやつがおる。いま和歌山工業や。行って、教えてもらえ」

堀越は素直に従った。

宮下が言う野村とは一九七二年ミュンヘン五輪金メダル・一九七三年ローザンヌ世界選手権金メダルの野村豊和《とよかず》（野村忠宏《ただひろ》の叔父《おじ》）のことだった。かつて背負い投げの天才と謳《うた》われ、世界にその名を轟《とどろ》かせた野村豊和であった。

五試合で実に七回も背負いを決めたミュンヘン五輪でのオール一本勝ちは伝説になっている。

野村豊和〇合技（背負＋背負）ワン

野村豊和○合技（背負+袈裟《けさ》）ドルバント
野村豊和○合技（背負+上四）ザイコウスキー
野村豊和○合技（背負+背負）ノビコフ
野村豊和○一本（背負）ザイコウスキー

堀越は柔道を武道と捉《とら》え、強くなることしか考えていなかった。柔道界のことには驚くほど疎い。堀越の興味は「柔道」であって「柔道界」ではない。だから柔道の過去の歴史も知らず、野村豊和という金メダリストの名前すら知らなかった。

宮下先生が言うんやからすごい人なんやろ——。

その程度の認識で和歌山工業高校を訪ねた。

だが、目の前で野村の背負いを見て驚いた。

速いのだ。

あまりに速い。

桁外《けたはず》れのスピードだった。

現役時代のフィルムも観せてもらった。

見えない。まったく見えない。背負いに入るや、影がサッと走り、相手が畳に叩《たた》きつけられている。それほど速い。

——俺もこんな背負いをやりたい。

堀越の血流が速まった。

「教えてください！」

野村は相好を崩した。

その日から堀越の「野村教室」通いが始まった。

野村の説明は論理的で一つひとつ段階をおっており、高校一年の堀越にも理解はできたが、肝心の体の方が教えられたとおり動かない。

一般的に普通の背負い投げは相手の懐に飛び込んでかけるが、この野村式背負いは、自分は後ろに下がりながら相手を引っぱり出して投げる。野村は何度もゆっくり打ち込んで見せてくれた。真似てみた。うまくいかない。

野村が「見ときいや」と目配せし、重量級の生徒との乱取りに入り、その背負い投げで軽々と畳に投げ捨てた。野村の体さばきはあくまで柔らかく、体のどこにも力が入っていなかった。まるで手品を見ているようだった。

野村のもとに数ヵ月通ううちに打ち込みや投げ込みではどうにかできるようになったが、いつまで経っても乱取りで使えない。

柔道の投げ技には一般に三段階の動きがある。

①崩し→②作り→③掛け

この基本どおりに技に入れば、入ったときにはすでに相手の体は死んでいるはずである。

だが、この崩しはできそうでできない。

野村が教える手首による崩しはあまりに繊細であまりに絶妙だった。パワーがある者はパワーで投げることができるので、本物の投技を覚えずに試合に勝ってしまう。欧州にはこのパワーがある選手が多く、世界の柔道はそれが主流になりつつある。しかし、野村の背負い投げは崩しを使った基本に完全に則《のっと》っていた。手首を使って崩し、相手との間合いをとり、足の運び、引き手や釣り手のタイミング、すべてのディテールが実に細かく理論的に整理されていた。

「これが本物の背負い投げや」

野村はことあるごとにそう言った。

「時間はかかるが、これを身に付けるのが強くなる最も早い近道なんやで」

堀越は夏休みや連休のたびに野村のもとを訪れ、和歌山工業高校の合宿所に寝泊まりさせてもらいながら背負い投げの特訓を受けた。高校三年間、黙々と、愚直に通い続けた。

野村教室通いは、堀越が天理大学に進学しても続いた。

大学の練習が休みのときは、野村の家に泊まり込んだ。それでも体得できなかった。

「強くなりたかったらチューブ引きせいや」

野村にアドバイスされてから、堀越は練習の後、どれだけ疲れていてもチューブ引きをするようになった。このトレーニングは、野村式背負いの完成の根幹をなすものだった。

自転車のチューブを何本もより合わせて柱に結わえ、それを引っ張って一人打ち込みでフォームを固め、引き手を鍛える。

イメージのなかで手首の返しで相手を崩し、背負いに入る。手首の返しによる崩し、完璧なフォーム、人間の目では捉えきれないほどの回転の速さが必要だと野村は言った。

これを毎日左右千回ずつやって技の完成を目指した。途中から腕の感覚はなくなり、五百回を越えるころには意識が飛んでいく。朦朧《もうろう》としたなかで堀越は愚直にチューブ引きを繰り返した。

ある日、堀越は野村に聞いた。

「この背負いを覚えたのは何人くらいおるんですか？」

「誰もおらん」

「……………？」

「まだ誰もおらん」

野村はこれまでに何十人もに指導を請われ、懇切丁寧に教えたという。だが、誰もこの背負いをマスターできなかったと言った。

──俺にそれができるのか……。

堀越は思ったが、しばらくすると、かえって闘争心が湧き起こってきた。逆にいえば、この背負いを身に付ければ、野村先生のように五輪で優勝できるほどの強さになるんだ

――。

天理大学は柔道界の名門中の名門である。

だから部員も高校柔道界の選《え》りすぐりの強者たちだ。堀越のインターハイ個人戦ベスト16という肩書きは、天理大では名乗れば笑われるレベルだった。

学生柔道優勝大会（七人制で大学団体日本一を決める大会）近畿《きんき》大会では京産大や近大、大体大などを軽く抑え、全国へ行っても東海大や明治大など東の強豪を倒して何度も日本一になっている。個人でも堀越の師である野村豊和だけではなく五輪や世界選手権の代表を綺羅星《きらぼし》のごとく生み出している。

前島延行（第五回世界選手権重量級銀）
金義泰（東京五輪中量級銅）
山中圏一（第四回世界選手権中量級銀）
平尾勝司（第六回世界選手権中量級銀）
笹原富美雄（第六回・七回世界選手権軽重量級連覇）
湊谷弘（第五回・第六回世界選手権軽中量級連覇）
二宮和弘（モントリオール五輪軽重量級金）
呉勝立（ミュンヘン五輪中量級銀）

川端智幸（第六回世界選手権軽重量級銅）
野村豊和（ミュンヘン五輪軽中量級金）
藤猪省太《しょうぞう》（第七回〜第十一回世界選手権中量級四連覇）
細川伸二（ロサンゼルス五輪六〇キロ級金）
高橋政男（第十一回世界選手権八六キロ級銅）
正木嘉美（第十三回世界選手権無差別級金）
野村忠宏（アトランタ・シドニー・アテネ五輪六〇キロ級三連覇）
篠原信一（シドニー五輪一〇〇キロ超級銀）

思いつくだけでもずらりと並ぶ。

このエリート集団の中で、堀越は伸び悩んだ。

原因は堀越の生来の不器用さかもしれないし、あまりに野村式の背負い投げ習得にこだわりすぎてのことだったかもしれない。

そのうち、堀越を抜いて個人戦（正力杯）や団体戦（優勝大会）に出場する後輩もたくさん出てきた。

それでも堀越は、天理の柔道部の練習が終わったあと一人で道場に残ってチューブ引きをし、一人打ち込みを繰り返し、背負い投げのフォームの完成に没頭した。誰もいない道場で延々と練習し続けた。「これが本物の背負い投げや。時間はかかるが、これを身に付けるのが強くなる最も早い近道なんやで」という師匠野村豊和の言葉だけを胸に、地道で過酷な練習を続けた。

堀越が道場を出るころには畳はバケツを引っ繰り返したように大量の汗でびしょ濡《ぬ》れだった。酒も女も雑音でしかなかった。頭のなかには柔道のことしかなかった。背負い投げの完成しかなかった。

堀越にとって柔道はスポーツではなく命のやりとりをする武道である。負けはすなわち死。ならば絶対の銘刀を持たなければならない。相手を必ず一刀両断する日本刀を。斬れるときは斬れるが失敗することもある——そんな刀では、殺されるかもしれないではないか。百発百中で相手を投げる背負い投げこそが必要なんだ——。


堀越が、まだ一年か二年のころだ。

全日本強化合宿が天理大であった。

強化選手のなかには、小杉《こすぎ》高校から東海大学に進んでいたあの高波善行《たかなみよしゆき》がいた。七八キロ級のトップの一人だった。堀越は走り寄っていって乱取りを所望した。

——同階級だからいつか試合をするやろう。

そう考えてのことだ。

現実には、高波はいつか五輪を狙いにいく超一流選手であり、堀越は個人戦の近畿予選にさえ出してもらえない無名選手だ。だから堀越が高波と試合をすることは、普通に考えれば、永劫《えいごう》ありえないことだった。

しかし堀越は「勝負するときが必ずくる」と、大まじめに考えていた。だからその高波との乱取りでは、自分の開発中の武器である背負いは見せず、払腰《はらいごし》などをかけながら相手の技を探った。師の野村から「どんな強い相手にも必ず弱点があるもんや。勝負のときにそこをついて勝機を見いだすんや。勝負のときのために徹底的に研究しときいや」と教えられていた。

高波得意の内股《うちまた》で何度も何度も畳に叩《たた》きつけられた。高波の内股は高内股といって跳ね腰に近く、高く跳ね上げられるので堀越はふらふらになった。だが、その朦朧とする意識のなかで高波の内股を防ぐタイミングを見つけ、頭に刻み込んだ。実際に数年後に対戦したとき、堀越は高波の内股を完封し、背負いで投げ勝った。執念だった。

古賀稔彦《こがとしひこ》が天理大に来たのはその後の強化合宿だった。ソウル五輪（一九八八年）の前だったと記憶している。

堀越が二年、古賀が日体大の三年だ。

古賀はすでにスーパースターだった。

世田谷《せたがや》学園高時代はチームを牽引《けんいん》して各高校大会を軒並み制し、個人でもインターハイの七一キロ級を連覇、一本背負いの師である兄の古賀元博《もとひろ》（元博は岡野功に一本背負いを習い、それを稔彦に教えた）を倒し、世界選手権王者でロス五輪代表の中西英敏《なかにしひでとし》をも倒した。日体大に入ってからも、立ちはだかるライバルたちをことごとく一本背負いで畳に叩きつけ、国際大会でも連戦連勝していた。いくら柔道界のことに疎い堀越でも古賀の存在は知っていた。その古賀にとって堀越は〝その他大勢〟のゴミでしかなかった。

堀越は「お願いします」と古賀に乱取りを所望した。

組んだ瞬間、堀越は古賀の技のあまりの力強さに驚いた。古賀に背負われたと思った瞬間、高い位置まで一気に担ぎ上げられ、凄《すさ》まじいパワーで畳に叩きつけられていた。何もさせてもらえなかった。

——強すぎる……。

堀越はなんとかこの一本背負いを防げないかといろいろな方法を試したが駄目だった。いったん一本背負いに入られると、堀越がこらえようとしても強引に畳から引き抜かれ、天地が引っ繰り返って畳に叩きつけられる。これが超一流の技なのか——。

だが、ふとした瞬間、堀越が手首でさばきながらパッと崩したら古賀がグラリとして膝《ひざ》を着いた。

——あっ！

俺の背負いが完成さえすれば、古賀は投げることができる。

堀越はそう確信した。

だが古賀は七一キロ級で、堀越とは一階級違う。このときは、まさか後に古賀が七八キロ級に階級を上げ、堀越と五輪代表を争って戦うとは夢にも思わなかった。

古賀もまた「柔道の畳は戦場と同じ。細い糸の上での殺し合い」と考えていた。古賀の歩く道の後ろには同階級の一流選手たちの屍《しかばね》が累々と積み重なっていた。

高校三年時に兄の古賀元博を倒し、ベテラン中西英敏を倒し、日体大に入ってからはカミソリ背負いの吉鷹幸春《よしたかゆきはる》を倒し、天才寝技師酒井英幸を倒し、他の多くの一流選手たちの屍も累々としていた。古賀はすでに巨大なピラミッドの頂点に立っていた。彼ら古賀が倒したライバルたちも同階級の強豪たちを圧倒する怪物だった。しかし彼ら怪物たちが何度も何度も己の尊厳をかけて挑んでも、それらをすべて退けていた。

古賀稔彦は彼ら怪物たちの屍の上を踏みしめて歩く、怪物のなかの怪物だった。岡野功以来の中量級の怪物だった。

四年生になった。

堀越は団体戦七人のレギュラーにはもちろん入れなかった。重量級の層が厚い天理大で、中量級の堀越がレギュラー入りするためには、よほどの力がなければならない。

ある日、堀越は正木嘉美監督に呼ばれた。

「おう。そこに座れよ」

正木が大きな体をソファに沈めた。

「なんでしょうか……」

堀越はいぶかりながら向かいに浅く座った。

正木が悪戯《いたずら》っぽくニヤリと笑った。

「今度の近畿大会な、ここぞという試合で秘密兵器として出すから、その気でいろ」

団体戦の補欠入りである。

堀越なら、どの大学にも研究されていないから勝負時に使える——。

天理の指導陣はそう考えたのだ。

堀越の努力に報いてやりたいという気持もあった。正木は一五〇キロもある大柄だが、気持ちは優しく繊細で、人の心根をよく観察していた。それは山下泰裕《やましたやすひろ》と斉藤仁《さいとうひとし》の二強時代と、次の小川直也《おがわなおや》の時代の狭間《はざま》で苦しみながら現役時代を過ごしたことによるのかもしれない。

堀越が練習後いつも道場に残って一人で背負い投げのチューブ引きを繰り返しているのを陰から見ていた。堀越の努力が報われるのを祈っていたのだ。

近畿大会の当日。

堀越にはずっと出番がなかった。

今日の出番はないだろうな、と堀越が考え出したころ、準決勝前に正木監督に呼ばれた。

「堀越、次いくで」

相手は優勝候補の一角である京産大だ。

堀越は先鋒《せんぽう》で出た。

先鋒は動きがよく絶対に負けない選手を充てるのが通例である。先鋒同士の戦いがその日のチームのムードを決めてしまうからだ。

だが、堀越はあっさり一本負けしてしまった。チームは勝ち進んで決勝で近大との接戦を制し優勝したが、堀越はレギュラー獲《ど》りのチャンスをものにできず、それ以後、卒業まで声はかけられなかった。

だが、堀越は別のことを考えていた。

自分の背負い投げさえ完成すればそれですべては解決する。この背負いさえ完成すれば……。

すでに尻尾《しっぽ》は見えていた。

堀越はさらに背負いの習得に没頭した。

そして、ある日、ふとタイミングをつかんだ。

高校一年から大学四年まで、実に七年近くかけて野村豊和の背負い投げを完全マスターしたのである。自分の形にもっていけば相手が誰だろうと必ず投げることができるようになった。だが、それだけの力がついてきたころには天理大柔道部も代替わりしていた。だから堀越の柔道が大化けしていることに誰も気づかなかった。

しかし、事件が起きた。

四年生の正月が明け、そろそろ卒業というころ、ある先輩に「全日本選手権の三重県予選に出てみいや」と笑いながら言われた。

堀越は深い考えもなく「そうすね。わかりました」と言って、三重県の予選トーナメントに出場し、そこで勝ちあがって優勝してしまった。天理大に帰った堀越が三重県チャンピオンになったことを伝えると、正木監督の表情が変わった。

「ええっ！　凄《すご》いやんか！」

「はあ……」

堀越は正木がどうしてそんなに驚くのかわからなかった。正木は「東海ブロックも頑張りいや」と社交辞令のように笑った。

堀越は東海ブロックの試合がどんなものか、なぜ行うのかすら理解していなかった。それ以前に全日本選手権というのが何なのかも知らなかった。それほど柔道界に疎いのだ。先輩に聞くと、それは日本の各地区代表の数十人が日本武道館でやる体重無差別の大会だということだった。二十万人の現役日本柔道家のトップを決めるのだ。日本柔道界ではオリンピックや世界選手権より格上だという。

――それならテレビで観たことがある。

堀越は思った。その程度の知識だった。

別の先輩が言うには、あの古賀稔彦が一年前にその大会に出て大きな選手を翻弄《ほんろう》して決勝までいったという。それを聞いて、堀越は俄然《がぜん》やる気になった。

数週間後、東海ブロック予選が名古屋で行われた。

各県のチャンピオンが八人集まって代表枠の二つを争う変則的な総当たり戦で、全部で五試合だった。

その試合で、堀越は簡単に全勝してしまった。

しかもすべて背負い投げの一本勝ち。

本部席に座る東海地区柔道界の重鎮たちが身を乗り出して見ていた。堀越の名前は誰も知らなかった。大会名簿からは天理大学出身であることと三重県の高校の先生であることしかわからない。

会場全体がざわついていた。

堀越が投げた相手が弱いわけではない。全国警察大会個人戦連覇中で一五〇キロ以上ある佐藤広幸（愛知県警、同志社大出身）ら全員が一流選手である。堀越一人だけ無名選手だったのだ。

騒ぎをよそに、堀越は涼しい顔だった。

あたりまえだからだ。

なにしろ背負い投げが完成したのだ。きちんと組みさえすれば誰でも投げる自信があった。重量級の選手は引き手を切ったりせず、がっぷりと組んでくれたので簡単に投げることができた。

このニュースを聞いていちばん驚いたのは正木嘉美監督ら天理大関係者たちだった。なにしろ七八キロ級の堀越である。しかも大学時代は落ちこぼれでレギュラーにさえ入れなかった選手だ。だから、この時点でもまだ半信半疑だった。だが全日本選手権本番の大舞台でも堀越は驚くべき結果を残した。

全日本選手権は毎年四月二十九日に日本武道館で行われる。前夜、宿も取らずに鞄《かばん》ひとつ持って上京した堀越は知人の部屋に泊めてもらった。そのときに「付き人いないから探してください」と頼んだのを憶《おぼ》えている。

古賀がエントリーしていないことを知り、堀越はがっかりしたが、背負い投げを駆使してベスト16に入り、日本武道館を大きく沸かせた。これで無名の堀越が俄然注目を浴びるようになった。

全柔連（全日本柔道連盟）の指定選手（準強化選手）になったのはこの後である。「全日本選手権ベスト16」というのが、世界切符を争う国内予選大会にエントリーされる条件を満たすものだからだ。

普通は高校や大学時代に指定選手となり、すぐにその上の強化選手に昇格する。だから堀越の二十三歳の指定選手入りはかなり珍しいことだった。

この一九九一年全日本選手権初出場を契機として、堀越は着実に世界への階段を昇っていくことになる。

その年、バルセロナで世界選手権が行われ、古賀稔彦が七一キロ級で優勝した。

全日本選手権初出場の次の年一九九二年、バルセロナ五輪の選考会が行われた。

講道館杯体重別（開催地は東京）
選抜体重別（開催地は福岡）

当時の五輪や世界選手権の選考は、この二つの大会のウェートが大きかった。古賀はこの二つを手堅く勝ってバルセロナ五輪出場を決めた。

堀越は講道館杯でベスト8、選抜体重別で三位に入り、強化選手に昇格した。二十五歳だった。この年齢は、柔道家にとってすでに引退に近い歳である。しかしここから堀越の快進撃が始まり、古賀との距離も少しずつ詰まっていった。だが古賀はそんなことはまったく眼中になかった。

古賀稔彦は絶好調を維持したままバルセロナ五輪へ向けた稽古《けいこ》を消化しているらしかった。しかし、バルセロナ入りしてからの調整練習中、七八キロ級に出る講道学舎の後輩・吉田《よしだ》秀彦《ひでひこ》との乱取りで膝《ひざ》を捻《ひね》って靭帯《じんたい》に大怪我を負ってしまった。膝に直接針を刺して痛み止めを射ち、テーピングでびっちりと固定した古賀が、精神力だけで勝ちあがり、奇蹟《きせき》の金メダルを獲得したときは堀越もテレビで観ていて「おおっ」と思った。

バルセロナ五輪が終わり、古賀は試合に出なくなった。

引退したんだな、とまわりは思っていたし、堀越もそう思っていた。

堀越は絶好調だった。

愛知国体が追い風になっていた。

三重県も徹底して各種目の強化に入っていた。三重には柔道に力を入れている私企業がないので、成年柔道男子は実業団ではなく、教師や警察官、学生などの混成でチームを組んだ。三重県チャンピオンの堀越はポイントゲッターとして期待され、県は最大限のバックアップをしてくれた。勤務する名張高校にも臨時講師を充ててくれたので、堀越は午後からは毎日フリーになった。昼飯を食べると、車で一時間の天理大学まで行き、そこで激しい稽古を繰り返した。

この年、堀越は平成四年(1992)講道館杯ベスト8と選抜体重別三位を上回る成績を残した。さらに翌年もその成績を上回った。

一九九三年　講道館杯三位
　　　　　　選抜体重別優勝

一九九四年　講道館杯優勝
　　　　　　選抜体重別二位

堀越は自分の実力がまだ伸び続けているのに驚いていた。

かつて二流だった堀越が、いつのまにか怪物たちの仲間入りをしようとしていた。だが、古賀稔彦ばかり追いかけるマスコミは堀越の存在に気づいていなかった。いや、堀越だけではなく、命を賭《か》けて厳しい練習をこなしている多くの怪物たちが柔道界にいることを、五輪の華やかな舞台にしか目を向けていないマスコミは知らなかった。国内にこそ怪物たちが己のプライドをかけてしのぎを削るドラマがあることを知らなかった。

バルセロナ五輪（一九九二年）から二年五ヵ月後、古賀が階級をひとつ上げ、七八キロ級で現役復帰した。一九九四年、警視庁武道館で行われた日本柔道体重別が復帰初戦である。福岡で戦われる選抜体重別と名前が似ているが、重要度ではランクはひとつ落ちる。しかし、今回も世界選手権の一次選考会を兼ね、出場選手には怪物たちがずらりと名をつらねていた。

堀越と古賀は初めて同じ階級になった。

堀越は「対決できる」と浮き足だった。トーナメント表をみると、順調にいけば準決勝で当たることになる。

だが、まず古賀がつまずいた。一回戦で大ベテラン田所勇二得意の寝技に引きずり込まれたのだ。古賀は立ち上がろうとしたが、田所の下からの腕挫《ひし》ぎ十字固めに捕らえられた。田所もまた打倒古賀に闘志を燃やす怪物の一人だった。

場内は騒然となり総立ちになった。

「古賀！　早く持ち上げろ！」

「田所、折っちまえ！」

古賀は咆哮《ほうこう》しながら田所を持ち上げた。主審が「待て」をかけたが、田所が十字固めを離さない。

柔道では下から関節技などをかけている選手の体が畳からすべて離れると技を外さなければならない。これは下の人間が上から叩《たた》きつけられて頸椎《けいつい》を損傷する危険を避けるためだ。主審は「待て」に従わない田所に反則負けを宣した。

古賀は肘《ひじ》を押さえながらうずくまった。

田所にも期するものがあった。

なにしろ古賀よりさらに五歳年上である。次回のアトランタ五輪が最後のチャンスだ。ビッグネーム古賀の腕を捕らえたのだ。師である〝柏崎克彦のコピー〟と言われ、いくつもの国際大会を寝技で制してきた寝技師の最後の意地だった。引退をかけた意地だった。

古賀の肘は思った以上の重傷だった。この怪我で古賀は二回戦以降を片腕で戦い途中で負けてしまった。古賀と生きるか死ぬかの戦いをしたかった堀越も古賀が手負いになった瞬間にモチベーションを落とし、途中で敗れて直接対決はならなかった。

――俺は古賀と背負い投げで勝負したかった。

心中に渇きがあった。

自分の背負いの方が上だと証明したい。

直接対決で証明したい。

だが、勝負の神の悪戯《いたずら》か、講道館杯でも選抜体重別でも直接対決の機会がなかなか訪れなかった。片方が出場しなかったり、片方が怪我をしていたりした。

しかしそのころには、堀越の背負い投げは完璧なものにブラッシュアップされ、組みさえすれば、相手を選ばず、絶対投げる自信を持っていた。

古賀の強さは本物だと思う。

神懸かり的でさえある。

だが、古賀の背負い投げを堀越はあまり評価していない。

胸さえ合えば技が効くという基本に則《のっと》ってはいる。しかし、本来は手首を使って相手を崩すところを、相手の袖《そで》を切って絞り、崩しの代わりをしているだけだ。打ち込みは基本どおり綺麗《きれい》にやっているが、試合のときは右足が流れていることもある。この投げ方は、古賀のように体全体に並はずれたパワーを持っている者にしかできない。

堀越は、背負い投げの完成度としては自分の背負い投げが何段階も上であると思っていた。野村豊和の背負いこそ世界最高峰だと信じていた。

かつて世田谷学園が高校柔道界を席巻し出したころ、柔道界は極端に引き手を切る柔道をし始めた。小さなサイズの柔道衣を着て相手の引き手を切りやすくしていた。後に厳しく柔道衣の大きさなどのルールができた。

それでも世界では組まない柔道が増えている。片手で組んで時間稼ぎをする柔道が増えている。

堀越は、そういう柔道を武道とは思わない。むしろパラリンピックは凄《すご》いと思う。組んでから始まり、投げても相手の道衣を放さないブラインド柔道は、手首の使い方がみんなすごく巧《うま》い。あれが本来の柔道の姿だ。

天理大学のOBもみな手首を使うのが巧い。

人によって技への入り方は違うが、手首の返しで相手を崩してから投げるのが天理大の柔道だ。現役時代一五〇キロを超えた正木嘉美でさえ手首の返しで崩していた。誰も先輩たちは教えてはくれない。ただ、先輩たちと乱取りしていると間合いが近いので、手首をたてないと簡単に投げられてしまう。だから自然に覚えていくのだ。

平成七年（1995）の全日本選手権では小川直也と当たった。

試合前、堀越は天理大学の後輩である篠原信一に言った。

「おい信一っ！　おまえ優勝せえよ。俺が小川つぶしとくから」

篠原はすでに講道館杯やフランス国際などで優勝し、次代の重量級のエースとして嘱望されるホープだった。

「なに言っとんすか」

篠原が笑った。

「背負ったるで」

堀越は本気だった。

しかし小川と組んだ瞬間、「まるで壁やないか、これ」と思った。

小川は一九三センチ、一四〇キロのスーパーヘビー級である。だが、体が大きいだけではなく、その膂力《りょりょく》がけた外れだったのである。奥襟をぐいっと引っ張られて頭を抑えられた。

小川も堀越が背負い投げで勝負をかけてくるのがわかったのだ。背負いを防ぐために腹を出して圧力をかけてくる。首が軋《きし》み、背骨が軋んだ。堀越はその圧力に耐えながら背負うチャンスを窺《うかが》っていたが、これでは背負いはかけられない。もう少し体が崩れれば投げる自信があった。だが、そこまで試合を運べなかった。

結局、その背負い封じの体勢のまま旗判定になった。

小川に二本。

武道館が沸いた。小さい堀越への「よくやった」という賛辞だ。

――次に当たったときは必ず投げたる。

堀越は本気でそう思った。

小川はスタミナがあるから相手が疲れるのを待って投げる。しかし、人一倍の努力を重ねてきた堀越のスタミナは最後までもった。五年前の全日本選手権では、古賀が決勝まで勝ち上がったが、小川の足車で一本負けしていた。古賀が一本負けした相手に旗判定だったことで堀越は自信をつけた。

この平成七年は幕張《まくはり》世界選手権の年でもあった。久々の地元日本での開催である。

その幕張世界選手権の代表選考会を兼ねた五月の選抜体重別七八キロ級では、堀越は一回戦を勝ったが、準決勝の持田達人戦を接戦で落としてしまった。決勝では古賀稔彦がその持田達人を得意の一本背負いで叩きつけて一本勝ちした。古賀強しを印象づけ、文句なしで代表に選ばれた。その顔は自信に満ちていた。

本番の幕張で古賀は大観衆の期待に応《こた》えた。

古賀○（一本背負い）ブヤン
古賀○（腰車）サフチースキン
古賀○（袖釣り込み腰）シウペ
古賀○（袖釣り込み腰）ブーラ
古賀○（一本背負い）スマジャ

決勝までオール一本勝ちである。

決勝戦の後、場内は「古賀」コールがうねって、しばらくやまなかった。

バルセロナ五輪から丸三年を経て、古賀は完全復活していた。これでアトランタ五輪の七八キロ級は、古賀が一歩リードした。三回連続の五輪出場は目の前に見えていた。

そして、あの日が来た。

一九九六年四月七日。

全日本選抜体重別。

アトランタ五輪最終選考会である。

よほどのアクシデントがなければ古賀の優勝は堅いとの見方が多かった。幕張世界選手権のオール一本勝ちで完全復活をアピールしている。マスコミもすでに古賀が優勝した予定稿を書いて待っていた。

堀越は、アジア大会準Vで気持ちが切れて講道館杯を落としていた。この全日本選抜体重別でかなりのアピールをしなければ、五輪には届かない。

天理大関係者に「もし優勝しても五輪代表に選ばれるのは五分五分だ」と言われていた。「出場を確実なものにするには、古賀に派手な技で一本勝ちするしかない」とも。

だが、あの古賀稔彦を相手にして、そんな奇蹟《きせき》のようなことが起こるとは誰も思っていなかった。堀越本人を除いては——。

この日、堀越は自分でも信じられないほど集中していた。自分の精神のすべてが試合のこと、準決勝で当たるであろう古賀のことに向いていた。

「絶対に古賀を背負いで投げます」

試合前、会場にいる天理大関係者に触れ回っていたらしい。「らしい」と言うのは堀越自身は憶《おぼ》えていないのだ。それほど気持ちが試合に集中していた。

精神が冴《さ》え冴《ざ》えとして、究極の状態にあった。古賀だろうが誰だろうが、必ず背負いで投げて勝つ自信があった。

古賀は初顔合わせだと思っているに違いなかった。

憶えていないに決まっている。八年前、堀越が天理大二年、古賀が日体大三年のときに一度だけ乱取りをしたことを。

確かに堀越は人形のように繰り返し投げられた。だが、堀越の手首を効かせた崩しで、一度だけだが、古賀が膝《ひざ》を着いた。あのとき堀越は古賀を投げる算段をつけていた。古賀が七八キロ級で現役復帰したニュースを聞いたその瞬間から、堀越の頭は古賀を投げるイメージトレーニングを繰り返していた。

古賀は右組、堀越は左組の喧嘩《けんか》四つ。

古賀は必ず堀越の左釣り手を右手で切りにくる。そしてその袖を絞って押してくるはずだ。そのときが堀越の左一本背負いのチャンスだ。

順当に二人は準決勝まで上がった。

堀越の研ぎ澄まされた五感は、すでに控え室の向こう側にいる古賀の息遣いを捉《とら》えていた。

係が堀越を呼びに来た。

通路に出た。

堀越が歩きながら試合場の向こう側を見ると、古賀が全身から怒気をみなぎらせて歩いていた。

堀越も腹の底から荒ぶった。

しばらく試合場の下で精神集中した。

名前をアナウンスされた。

心中に抜き身の日本刀を提げ、堀越はゆっくりと畳に上がった。古賀も日本刀を提げていた。堀越の目には、すでに古賀の姿しか見えなかった。

試合場脇にずらりと並んだ各社の一眼レフカメラが一斉に古賀に向けられた。古賀が一本背負いで堀越を投げる決定的瞬間を狙っていた。

「はじめ！」

主審の声が響いた。

古賀がいつものように両手を上げて気合いの一声をあげた。

堀越は一歩前に出た。

一メートルほどおいて視線が交錯した。

三度目の五輪出場に執念を燃やす古賀と、その古賀を背負いで叩《たた》きつけることに執念を燃やし続けてきた堀越。

堀越から組んだ。

切られた。

激しく組み手争い。

組めない。

まだ組めない。

組んだ。

瞬間、堀越は勝てると思った。

応援の声や会場のざわめきはまったく聞こえなかった。古賀の息遣いだけが耳元で聞こえた。

開始十秒、堀越は前に出てくる古賀を背負った。両者もつれるように場外へ倒れた。

開始線に戻る。

古賀はまた組み手争いで前へ前へとプレッシャーをかけてくる。堀越が背負った。しかしこれも浅すぎた。

また組み手争い。

激しい組み手争い。

組めない。

まだ組めない。

組んだ。

古賀が堀越の左釣り手を切って絞った。

堀越はこれを待っていた。

切られた左釣り手で古賀の右腕ごと引っぱり出して抱え、左一本背負いで叩きつけた。

一瞬のことだ。あまりに速い背負い投げだった。

会場の福岡市民体育館はしばらく水を打ったように静まり返り、そして揺り戻すような大歓声が上がった。

その瞬間、堀越は我に返った。

勝った……。

わずか三十九秒の出来事だった。

古賀が一本負けしたのは一九九〇年の全日本選手権決勝で小川直也の足車に屈して以来。同階級の日本人に一本負けしたのは生まれて初めてだった。自身得意の背負い投げで投げられたのは中学一年のとき一度きりである。

試合後も会場のどよめきは収まらなかった。

腕章を巻いた記者たちが狭い通路を走り回っている。控え室に戻る古賀を追いかけているのだ。勝った堀越より負けた古賀に注目がいっていた。

堀越は横目でそれを醒《さ》めて見ていた。通路ロビーに数人の報道陣が待っていて前方を遮られた。しかたなく質問を受けた。若い記者が無表情にテレコを堀越の前に突き出し、丸めた大学ノートを片手で広げた。

「古賀さんを投げてどう思いますか？」

その記者が訊《き》いた。他の四、五人の記者たちはノートにペンを立てたまま耳を寄せてきた。

「古賀に勝ったんですから五輪ですね」

「嬉《うれ》しいですけど……」

「それはわかりません」

「しかし最終選考会ですよ」

よく見掛けるベテラン記者が横から言った。

堀越がそちらを見るとロビーの先に大きな人の塊ができていた。二十人、いや三十人以上いそうだ。TVカメラも二台あった。おそらくその真ん中に古賀がいて、記者たちの詰問に参っているのだろう。

堀越はしばらく黙った後、記者たちに言った。

「とりあえず控え室に戻ります。申し訳ありません」


決勝の相手に手堅く勝って、テレビの優勝インタビューを受けたあと、ロビー通路を横切った。記者が数人走ってきた。

「どうですか。選ばれると思いますか」

「わかりません」

「半々だという話もありますが」

「わかりません」

堀越は繰り返した。

堀越だって五輪に出られれば嬉しい。しかし、それは世界中の柔道家数百万人から選ばれた見知らぬ強豪たちと背負い投げを武器に戦えるからであって、五輪自体に魅力を感じているわけではない。

しばらくして全柔連から五輪代表の発表があった。

誰だ……？

選手もマスコミも固唾《かたず》を呑《の》んだ。

ざわめきが一瞬静まった。

代表になったのは古賀稔彦だった。

堀越は、また記者連中にとり囲まれた。

「どうして選ばれなかったんでしょう？」

早く解放してほしかった。

「選ぶのは先生方だもんで。選手がとやかく言える立場ではないし……」

「選考方法に問題があるとは思いませんか？」

「決まったものはしかたがありません。『古賀さん、頑張って下さい』という感じです。古賀さんを投げたときも自分のなかで驚きはなかったし、代表に選ばれへんかったのにも驚きはありません」

気持ちは高揚したままだった。

なにしろ、世界最強の古賀と畳の上の殺し合いができたのだ。そして自分が十五歳のときから十数年かけて磨き上げてきた野村豊和ゆずりの背負い投げという銘刀で、袈裟《けさ》懸けに一刀両断できたのだ……。

堀越は、記者連中がまばらになるころ、親しい記者にサシで話した。

「五輪出るために柔道やってたわけではない……。でも、俺がほんの少しでも色気を持って柔道やってたら、五輪にも届いたかもしれないですね……。本来ならこの試合とこの試合に勝たなきゃいかんという試合があるんですが、俺はそういうふうに考えなかった。意味のない試合で全力を出し、大事な試合を落としたりした。それは目標を五輪ではなく技術の習得だけに当てていたからです。そして最高に研ぎ澄まされた技を習得できたんです。満足しています」

汗に濡《ぬ》れて重くなった柔道着を脱ぐと、つい先ほどまで熱を持っていた体はすでに冷たくなっていた。

風邪をひいたら稽古《けいこ》にさしつかえる――そう思ったが、すぐに〝引退すればもう稽古もしなくていいんだな〟と思い、ひとりで苦笑いした。

荷物をまとめ、関係者に礼を言い、その場を辞した。

夕方に放送されたTV録画中継では、堀越のインタビューシーンはカットされていた。

堀越はすでに二十八歳になっていた。

引退を考えていた。

だが、尊敬する天理大の先輩・細川伸二（ロサンゼルス五輪六〇キロ級金）から「次の世界選手権を目指せよ」と言われ、とりあえずは続けることにした。

しかし、体はガタガタだった。

減量も若いころのようにはいかなくなっていた。毎回六キロ以上落とすたびに筋肉も一緒に落ち、筋肉が支えていた肩やら膝《ひざ》の関節の古傷がぶり返した。天理大学での出稽古も続けたが、疲れがとれなくなっていた。稽古ができるのはせいぜい一日おきで、間には柔道衣を着ないウエイトトレーニングなどをしてお茶を濁した。気持ちに体がついてきてくれなくなっていた。

次の年の選抜体重別で何もできずに準決勝で敗退したとき、気持ちがガクッときた。相手が誰かさえ覚えていない。若い選手であったのは確かだ。

さらに、ベスト8なら自動的に講道館杯にエントリーされるはずなのが、勝手に外された。

年齢枠である。

堀越への実質的な肩たたきだった。

五輪の後はこうして若い選手とベテランの入れ替えが常である。

結局、燃え尽きる前に終わってしまった。

指定選手（準強化選手）になったのが二十三歳、強化選手になったのが二十五歳。短期間に一気に突っ走ったので、体に無理がかかっていた。

そのころ、全柔連は、ヨーロッパや韓国に倣って連戦できる選手を求めていた。国際大会や国内の大会を連続で制することができる選手を。だが、それに適《かな》うには、堀越はすでに歳をとりすぎていた。それでも堀越は試合に出続けた。出ることができるのは五輪に繋《つな》がらない国体などの小さなものばかりであった。

まわりには「励みになるからもっとやってくれ」と言われた。

大学時代に無名だった堀越が、ピークを過ぎてから強くなり、全日本選手権や選抜体重別で活躍して世界を狙うのを、すでに引退して社会生活を送る先輩後輩たちは応援し続けていた。スーツ姿で会場に駆けつけては声援を送ってくれた。

「俺の子供におまえの名前をつけたんだ。おまえみたいな人間になってほしいんだ」

天理大の先輩にそう言われた。

堀越は嬉しかったが、少し恥ずかしくてうつむいた。

俺は全日本選手権に六度出場した。

あの小川直也と旗判定まで持ち込んだ。

天才古賀稔彦を背負いで投げた。

これ以上、俺に何が必要なんだ。

死者たちとの夜

私は、東孝《あずまたかし》と酒を飲んでいた。

少年時代に『空手バカ一代』を読んでいた私の世代にとって、東孝は憧憬《どうけい》の人物である。あの作品は、主役の大山倍達《おおやまますたつ》だけではなく、山崎照朝、芦原英幸、佐藤勝昭ら多くのヒーローを極真空手から生み出したが、東孝もその一人だ。

高校時代まで柔道をやっていた東は早稲田大学時代に極真空手に転向、昭和五十二年（1977）に念願の日本一に就いた。しかし、顔面パンチや投技、そして寝技までルールに取り入れるため、新流派の大道塾を興して独立した。はじめ大道塾空手としてスタートし、現在では〝空手〟ではなく、大道塾空道《くうどう》という新しい武道名を名乗っている。『木村政彦はなぜ力道山を殺さなかったのか』（新潮社）が出版されてすぐ、私はこの本の取材で世話になった東孝とその妻、そして十人ほどの高弟たちとともに宴席を過ごした。

酔った東は知人を片っ端から携帯電話で呼びつけはじめた。

「ようし。まずは松井（章圭・現極真会館館長）にかけてやる」

隣に座っている私には小さな呼び出し音が漏れ聞こえてくる。しかし、いつまで経っても松井は出ない。二分ほど鳴らしたころ、やっと眠そうな声で出た。

東は嬉《うれ》しそうに言った。

「おう松井、出るの遅いぞおまえ。この時間なにしてんだ。いま来い。作家の増田俊也さん知ってるだろ。そうそう、木村政彦先生の評伝書いた人。いま一緒に飲んでんだ。すぐ来い、この野郎。いいから来いって」

深夜零時を回っていた。簡単に出てこられるはずがない。東はもちろんそれをわかってかけているのだ。かけた相手に断られると、また次の人間にかける。それにも断られるとまた次の人間にかける。こんなにたくさんの人に囲まれているのに東先生はいったいなにを寂しがっているのだろう。楽しい酒だが、寂しさのようなものが東の横顔にはあった。

キックボクサーの藤原敏男、極真の元全日本王者増田章……、私の北海道大学柔道部時代の後輩であるブラジリアン柔術家の中井祐樹にもかけていた。「もう寝てました……」とみんなに言われている。

「次は誰にかけようか」

東が携帯をいじりながら言った。

「東先生、もういいですよ」

笑いながら私はその携帯を覗《のぞ》き込んだ。待ち受け画面に小学生くらいの男の子の写真が使われていた。

誰だろう？

東は六十歳をとうに過ぎているのだ。そんな小さな子供がいる年齢ではない。しばらく考えて気づき、胸が詰まった。

長男の正哲《まさあき》君の写真だ。

平成十二年（2000）、正哲は一浪のすえ念願だった父の母校早稲田大学に合格した。しかしその年の夏、飲み会の席で急性アルコール中毒で夭折《ようせつ》した。まだ十九歳の若さだった。翌年、東は『オーイ まさぁーき！ 息子・正哲との想い出』という感傷的な題の追悼文集を出した。私はそれを読んでいたので東が死後十年以上経ったいまも携帯の待ち受けに、しかも小学生時代の正哲君の写真を使っていることに胸が痛んだのだ。

東の横顔をそっと見た。その横顔にヒクソンの横顔がかぶさった。東の横顔は、ヒクソンの横顔の憂いにそっくりだった。

東に会う前に私はヒクソン・グレイシーと会っていた。ヒクソンもまた、長男ホクソンの死を乗り越えて生き続けていた。東やヒクソンの横顔には、生きることへの、生き続けることへの諦観《ていかん》があった。

ヒクソンの長男ホクソンも、東孝の長男正哲も、父の分身そのものだったのだ。

ホクソンは幼少のころから父に直接ブラジリアン柔術の手ほどきを受けていた。性格も負けん気が強く、父親が戦っているときにリングサイドで大声をあげ、父が勝つやリングに躍り込んで抱きついている小さなころのホクソンの姿を覚えている人は多いと思う。少年から青年に成長するころには、ホクソンは柔術で頭角を現すようになった。ヒクソンは後継者として大きな期待を寄せていた。

「将来、私を倒す者が現れるとしたらこのホクソン以外にいない」

そうマスコミに語っていた。

そんなホクソンが突然逝《い》ったのは二〇〇一年二月のことだ。カリフォルニアに住むヒクソンら家族のもとを離れてニューヨークにひとり移り住み、ファッションモデルの仕事をしながらブラジリアン柔術に打ち込んでいた。バイクに乗ってヘンゾ・グレイシー（ヒクソンの従兄弟《いとこ》）の道場へ練習に行く途中の事故だった。十九歳だった。ヒクソンはあまりの喪失感にすべてを放擲《ほうてき》し、苦しみ続けた。二〇〇〇年の船木誠勝との戦い以来、ヒクソンがエメリヤーエンコ・ヒョードルらさまざまな選手との試合のオファーを流したのはこのためである。そのうちに引退せざるを得ない年齢まで時間が経ってしまった。彼にとってホクソンの死はあまりに大きなものだった。

東孝の長男・正哲もまた子供のころから大道塾で空手の練習に励んでいた。誕生とほぼ同時に父の大道塾が起ち上げられ、まさに父の夢と一心同体に人生を歩んでいた。

平成十二年、父の母校・早稲田大学に合格、すぐに春の大道塾の関東地区交流試合で優勝した。東がどれほど息子のことを誇りに思ったか想像に難くない。しかし早大入学後、あるサークルに入って一気飲みを原因とする急性アルコール中毒で、命を落とした。入学してまだ四ヵ月あまりしか経っていなかった。

人は、春に生まれ、盛夏を生き、秋を迎えて冬となり、やがて死んでいく。

人は生き、死んでゆく。

ただそれだけのことだ。

春に死ぬ者もあれば、夏に死ぬ者も秋に死ぬ者もいる。

一歳に満たぬうちに死ぬ者もあれば青春の直中《ただなか》で死ぬ者もある。寿命がまだ尽きぬのに自ら命を絶つ者もある。まだ生き続けたかったのに人生の最盛期なのにアクシデントで死ぬ者もある。逆に、死にたくても死にきれず、生きたくもない後半生を苦しみながら生き続ける地獄の人生もある。

『木村政彦はなぜ力道山を殺さなかったのか』は、人の生き死にのあり方を追った本である。

たとえば猪熊功《いのくまいさお》（東京五輪柔道重量級金メダリスト）の自刃を描いた。たとえば力道山が人生の絶頂期にヤクザとの些細《ささい》な喧嘩《けんか》で刺し殺される場面を描いた。たとえば木村政彦が苦しみながら生きた後半生を描いた。

あちこちに電話をかけては笑っていた東孝が、ふと真剣な顔になり、私に言った。

「増田はほんとうにいい仕事をした。もうおまえはこれでいつ死んでもいい。それくらいの仕事をした」

しんみりと言った。

「ええ。僕も死んでもいいと思っています」

そこから東はずっと私に話し続けた。さまざまなことを話し続けた。若いときに柔道を修行していた東は、木村政彦に憧《あこが》れ、武道家として強い尊敬の念を持っていた。だから連載中から繰り返し繰り返し読んでくれていた。

いくら飲んでも私は酔えなかった。

頭の中が凍えるように冴《さ》えていた。ぽつりぽつりと東北訛《なま》りで話す東の朴訥《ぼくとつ》とした語り口の一言ひとことが、あまりに強かったからである。

いつの間にか、まわりにいる東の弟子たちの喧噪《けんそう》はまったく聞こえなくなっていた。大声ではしゃぐ姿は見えるが声は聞こえない。聞こえるのは東の静かな声だけだ。難しく言うとカクテルパーティエフェクトだろうが、そういうものでもなかったような気がする。もっと原始的な、魂ふたつが絡まり合うような不思議な時間だった。

東の言葉はあまりに強かった。

「俺なら力道山を殺していた」

はっきりとそう言った。

「でも、なぜ木村先生は……って考えるんだ。あれほどの人だ、殺すことも切腹することも怖くなかったと思う。それがなぜって思うんだよ。あの題名は未来永劫《えいごう》、読者の胸に問いかけてくる言葉だ」

一言ひとことがあまりに強いのだ。

東は言った。

「俺は猪熊先生は木村先生へのあてつけで自刃したんだと思う。おまえはできなかったけど、俺にはできるんだって天国の木村先生に言いたかったんだよ。どうだ、見ろって。木村先生にあてつけたんだよ、猪熊先生は」

私にはまったく考えも及ばないことだった。

東は続けた。

「俺ね、猪熊先生に一回会ってるんだよ。ジョン・ブルミン（オランダ格闘技界の父と呼ばれる極真空手家）が日本に来たとき『イノクマに会わせてほしい』って言うから連れてったんだ。そしたら猪熊先生がおまえらなんてお呼びじゃねえんだよって手でパッパッてこうやって払って一言も話さずにあっち行ってしまって。俺それ見たとき、ああこの人はこういう人なんだって思ったよ。なにか勘違いしてる人だなって思ったよ。木村先生はだから、あのときそれを感じたんじゃないかな。だから指導してくれっていうのを断ったんだよ」

東は話し続けた。木村と猪熊の気持ちを代弁するように話し続けた。それは東だからこそ見える、トップ武道家だからこそ見える、勝負の世界の先端でしのぎを削る男たちの機微だった。

「負けたら腹を切る」

そう公言して柔道の現役時代を過ごしてきた木村政彦だが、昭和二十九年（1954）、力道山に敗れた後、プロレスの台本を破った力道山を許せず、殺すために付け狙う。刺し殺して自らも切腹するつもりだったのだ。だが、それをせず、結局は生き恥をさらし、苦しみながら後半生を過ごす。このエピソードがそのままあの本の題名になっている。

木村は後半生、あの力道山戦について言い訳を繰り返した。あれは負けたわけではない。プロレスなのだからと。しかし、負けたのだと本人が一番わかっていた。ならば腹を切らなければならない。しかしさまざまな言葉で自身を納得させながら生き続けた。猪熊が東京五輪前（昭和三十八年）に対ヘーシンク対策のために拓大を訪ねて木村に教えをこうたときに撥《は》ね付けたのは、その心を猪熊功に見透かされているのかもしれないと思ったからではないか。東の言葉から、私はそんな気がした。

猪熊功が自刃したのは平成十三年（２００１）だ。社長をする東海建設の倒産直前、猪熊は社長室に介錯《かいしゃく》役の合気道家とともに立てこもり、海軍将校だった父の遺品である脇差しを使って凄絶《せいぜつ》な死を遂げた。あらゆるマスコミが大きく報じた。〝武道家らしい潔い最期〟というのがマスコミの論調だった。

しかし、猪熊の自刃はこうして報じられた印象とは違い、もっと哀しいものだった。私は介錯役の合気道家と何度か会って話を聞いている。

猪熊は自刃に向けて準備を重ねていた。

合気道家に頼み、そのための合宿までしていた。離婚して妻と子供たちが去った猪熊の自宅で、思いきって自身を掻《か》き切る体力をつけるために、二週間の合宿をしたのだ。靴べらを自らの動脈にあてた猪熊は、その位置を確認しながら「円谷《つぶらや》(幸吉《こうきち》)だってできたんだ。俺にできないはずはない」と言った。

さらに猪熊は合気道家を連れて東急ハンズへ行き、一〇メートルのロープを買っている。これを何に使ったのか。私はそれを聞いたとき、あまりに生々しく痛々しいので途中から聞いていることができず、眼を閉じた。

猪熊はロープの端を合気道家の腰と自分の腰にくくりつけてほしいと頼んだのだという。ひとりで死んでゆくのが寂しいからだ。そこまでの思いを残しているならば、なぜ自刃しなければならなかったのか。

合気道家は私に言った。

「さすが武道を修行した者同士ですねってよく言われるんです。普通は立ち会ってくれと言われても辛《つら》くてそんなことはできませんと。武道を修行した人は腹が据わってますねって。でも、私だって辛かった……友達が死ぬのを平然と見てられる人なんているわけがない……私だって辛かったんだ……友達が自殺していくのを側で見ることは誰だって辛い……そんな気持ちはわかってもらえない……」

合気道家の眼から大粒の涙がいくつも落ち、テーブルを濡《ぬ》らしていった。

運命的な巡り合わせというものがある。

そういったものは、流れ続ける人生のなかでぽつんとひとつだけあると感慨もあるが、何度も続くと怖ろしさを感じる。『木村政彦はなぜ力道山を殺さなかったのか』を書いているときには何度も何度もそれがあった。私はオカルティックなことを信じないが、それでも幾度も「これは死者たちが動かしているのではないか」と感じることがあった。

連載が決まった経緯もそうだった。

平成五年（1993）、木村政彦が死んだ年に「力道山に敗れた男」という単層的な見方でマスコミが報じたのを我慢できずに、世間に反論するために、私はこの作品のための取材を始めた。

いちど原稿を書き上げたのは平成十八年（2006）のことだ。出版社も決まっていた。しかし、その年、私は『シャトゥーン　ヒグマの森』（宝島社）で「このミステリーがすごい！」大賞優秀賞を受賞して作家となっていた。他の作品執筆の時間もとられるので、出版前に格闘技誌に分割連載してもらおうと思い、『ゴング格闘技』誌に原稿を送った。

次の日、携帯電話が鳴った。

編集長からだった。

「びっくりしました。『シャトゥーン　ヒグマの森』を読み終わって放心状態だったところに大きな荷物が届いて、それが増田さんからのものだったものですから。僕、実はもともと北上次郎《きたがみじろう》さんの教え子なんですが、北上さんからシャトゥーンっていうすごい小説が出たから読めって言われてついさっき読み終わったところだったんです」

「木村先生の連載、やってくれますか」

「やります。いや、ぜひやらせてください」

「すぐできますか」

「やります。今月号に六ページ確保します。いまざっと読んだんですが、この執念はすごいです。この情念はいま日本の出版界にないものです。絶対に成功させます。これはすごい連載になります」

「僕は絶対に負けませんよ。木村先生のために引っ繰り返しますよ、世間を。木村先生の弔い合戦です」

「やりましょう。絶対にやります」

そこから彼との二人三脚の連載が始まった。

現体制の『ゴング格闘技』はフェイク（八百長）を許さない、ノーフェイクを前面に出す編集方針を貫いていた。

プロレスと他の真剣勝負の格闘技を同じ土俵で論じない、フェイクの試合は誌面に載せないという方針を貫いていた。この方針はプロレスファンから流れてきた格闘技ファンの反発を買い、他の格闘技誌との部数競争のなかで苦しんでいた。それでも編集長はノーフェイクを貫いていた。

私たちはあらゆる世界にフェイクが蔓延《まんえん》する今の世間を引っ繰り返すために始めたのだ。フェイクの世界観を引っ繰り返すために、プロレスマスコミに対抗するために絶対にこの連載を成功させようと誓いあった。

はじめ六ページだった連載は反響を呼び、すぐに八ページになった。やがて十ページになり、エリオ・グレイシーとの戦いのときには関連記事を含めて五十五ページ、力道山との戦いのときには三十一ページとなった。表紙も二回にわたって飾った。

しかし反響を呼べばハレーションも強くなる。何度も連載の妨害にあった。裏社会から表社会からプロレスファンからの妨害にあった。

それでも私たちは連載を続けた。

裏社会からクレームがつけば、いちど連載を休み、ちょうどヤクザがらみでバッシングを受けていた日本相撲協会を守るヤクザ擁護を評論で展開してまで理解を求めたほどだ。

プロレスマスコミから攻撃にあえばそれに「VTJ前夜の中井祐樹」というノーフェイク運動の急先鋒《きゅうせんぽう》を往くノンフィクションで対抗した。この作品は日本の活字として初めて当時のプロレスをフェイクの悪、真剣勝負の格闘技の足を引っ張る要因として書き、大反響を呼んだ。

平成七年（1995）、中井祐樹は日本武道館で開かれたバーリトゥード・ジャパン・オープン95（VTJ95）というワンデートーナメントに参戦し、一回戦でオランダの空手家ジェラルド・ゴルドーの悪質なサミング（目潰《めつぶ》し）の反則で右眼を失明しながら勝ち上がり、決勝でヒクソン・グレイシーと戦った伝説の総合格闘家である。片眼が見えないと距離感覚がつかみづらいので打撃技の危険が増す。この失明で中井はプロライセンスを剝奪《はくだつ》され引退を余儀なくされたが、打撃なしのブラジリアン柔術家として再生し、さらに現在の総合格闘技のトップファイター青木真也《あおきしんや》らを育てる名伯楽にもなった。

現在の中井祐樹を知る人間は、いまの中井の静かなたたずまいに、あの試合、あの引退劇においても、中井はなにも感じなかったのではないかと思っているかもしれない。しかしそんなことはありえない。大学を辞めてまでプロの世界に飛び込み、まだ二年しか経っていなかったのだ。まだ二十四歳だったのだ。これから総合格闘家として世界に実力をみせてやるという、そんな矢先だったのだ。ゴルドーに勝ち、ヒクソンと勝負をし、世界の格闘技界に「日本にユウキ・ナカイという素晴らしいファイターがいる」と見せつけたその夜に、格闘家人生を終わらせなければならなかったのだ。たしかにブラジリアン柔術家として復活はした。しかし中井がやりたかったのはブラジリアン柔術ではなく、打撃ありの裸の総合格闘技だったのだ。絶望はいかほどだったか。

あの「ＶＴＪ前夜の中井祐樹」には書かなかったが、試合前、中井は北大柔道部関係者だけではなく、恋人の英子（現在の妻）にもその覚悟を話していた。

英子は言う。

「格闘技をやっていることは知っていたんですけど、どういう競技か詳しくは知らなかったんですね。ところが、『これが最後の試合になるかもしれない。生きて帰って来れないかもしれないから最後まで見ていてほしい』と会場に招待されたのが、この大会だったんです」（『週刊宝石』）

それほどの覚悟をもって上がったリングで、右眼失明と引き替えに、みずからの手で奪った栄光なのだ。

総合格闘技が危険だと世間に誤解されるのを避けるため、中井の失明を当時の格闘技界の上層部はひた隠しにした。だから知っていたのはプロシューティングの仲間や英子夫人、そして大学時代の仲間である私たちなど、ごく一部の人間であった。

二十四歳の中井祐樹は失明した眼の光を取り戻そうと彷徨《ほうこう》した。

ハワイに名医がいると聞けば海を渡って診察を乞《こ》い、いまの医学では治すことはできないと断言され、中国へ行って針を打ってもらったりもした。しかしその眼に光は戻らなかった。

絶望のなか、中井はブラジリアン柔術家となり、指導者となり、次の人生を歩みはじめた。

その後、世は格闘技ブームとなり、総合格闘技はリングに中井祐樹のいないまま大隆盛となった。東京ドームやさいたまスーパーアリーナなどの大きな箱が超満員となり、地上波のゴールデンタイムで定期的に放送されるようになった。

テレビでPRIDEなどの大イベントを観るたびに、私は画面のなかに中井祐樹を探した。そして、弟子たちのセコンドについて花道を歩いてくる姿や、TKOのときに投げる白いタオルを首に巻いた中井祐樹の姿をリングサイドに見つけては、彼が一九九五年のあの試合以来歩んできた道程を思った。アナウンサーはリングに立つ弟子の名前を連呼しても、誰ひとり中井の名前を口にしなかった。あたりまえだ。アナウンサーたちもまた、一九九五年のあの中井の試合後にブームが起きてから総合格闘技ファンになった者たちなのだから。

中井の最強の愛弟子《まなでし》・青木真也によると、七色の光線が交錯する花道を二人で肩を並べてリングに向かうとき、中井はときどきぽつりとこう言うという。

「ああ……俺もこんな大きな会場で戦いたかったな……こんなにたくさんの観客の前で……」

この話を聞いたとき、私は堀越英範のことを思った。そう。あの五輪最終予選で古賀稔彦を背負い投げで叩《たた》きつけて一本勝ちしながら五輪代表に選ばれなかった堀越英範である。彼もまた一瞬の閃光《せんこう》を畳の上で放ちながら、しかし五輪代表に選ばれず人知れず引退していた。

最強の柔道家でありながら世間に忘れ去られた木村政彦の魂を救うために始めた『ゴング格闘技』誌の「木村政彦はなぜ力道山を殺さなかったのか」連載の熱は、フェイクにまみれた世間を引っ繰り返すという目標のために、しかしとんでもない方向へ進んでいくことになる。

絶対に真実を伝える。本物だけを伝える。編集長と私がその信念を貫き通したために、思いもよらぬ方向へ進んでいくことになった。

真剣勝負なら木村が勝っていた――。

その結論へ向けてすでに書き上げていた原稿が、ほかならぬ中井祐樹によって引っ繰り返されてしまったのだ。

中井は連載開始前に木村vs力道山の試合動画を分析して、私に「はじめから真剣勝負なら木村政彦が勝っていた」と私に言ったのだ。だから私も草稿ではそう書いていた。それが連載途中で会ったときに、迷いに迷った末、「すみません。あのとき増田さんがあまりにも真剣な表情で『真剣勝負なら木村先生が力道山に勝っただろ』と言うので、つい肯《うなず》いてしまったんですが……」と前言を翻してしまった。この証言によって連載はまったく予期せぬ方向へ進んでいくのである。他の人間の証言なら私は書き直さなかったかもしれない。しかし中井祐樹が言ったのだ。あれだけのことをやった中井祐樹が言ったのだ。

連載はそこから、木村政彦が力道山に負けたことを証明してしまう辛《つら》い改稿作業になったっていく。

あまりに苦しいその作業に私は何度も連載をやめたいと言った。編集長に電話で「こんな誰も報われない仕事をやってなんになるんですか」と泣きながら言った。

「なにを言ってるんですか。どれだけこの連載のファンがいると思っているんですか」

編集長も電話の向こうで泣いていた。

「そんなことはどうでもいいです。なにも報われない、誰も助けられないこんな作品を書く必要はないです……」

「増田さん、しっかりしてください。いったいどれだけたくさんのファンから手紙が届いてると思ってるんですか。八十歳代や九十歳代の読者が手書きのハガキを送ってくるんです。みんなこの連載を読むために発売日に年金のなかから千円札を握りしめて本屋に走ってるんです。その読者を裏切ってもいいんですか」

「ほんとうにもう書けません。誰も救われない、こんな話を僕は書き続けることができません……こんな辛い物語を、いったい誰に向けて書いたらいいんですか……読者だって辛いだけです……」

私はそう言って咽《むせ》び泣いた。

編集長も電話の向こうで泣きながら言った。

「僕に向けて書いてください。僕を救ってください」

この言葉に寄りかかり、私はなんとか「木村政彦はなぜ力道山を殺さなかったのか」

を書き上げ、連載を完結した。

東孝に会ったのは、そのあとだった。

「力道山に負けたって関係ない。なにがあろうと、木村先生はずっと俺のなかでは英雄だ。ずっと尊敬し続けている」

東が言った。東の言葉は柔道経験者みんなの気持ちだった。武道家みんなの気持ちだった。

東の高弟たちも、みな眼を潤ませて木村政彦のことを語った。力道山戦のことを語った。みんなで痛飲した。何時間も何時間も飲んだあと、打ち上げて、外に出た。

「中井を呼ぶか」

東が酔いで足をふらつかせながら言った。

私は笑った。

「先生、だめですよ。十二時に電話したらもう寝てたじゃないですか。もう午前三時過ぎてますよ」

「そっか。もうそんなになるか」

東が言った。

弟子たちに囲まれ、東と並んで池袋《いけぶくろ》の夜道を歩いた。

東がしんみりと言った。

「俺さ、ときどき考えるんだよね。もし中井があの試合で怪我してなかったら、いまごろブラジリアン柔術じゃなくて打撃ありの総合格闘技を広めようとしてたわけじゃない。そうしたら俺の大道塾の大きなライバルになってたはずだよなって。もちろん中井は裸の総合格闘技だし、うちは道衣ありだから少し違うけど、それでもあいつのことだ、すごいムーブメントを起こしてたと思う」

「ええ。そうですね……」

私は肯いて夜空を仰いだ。

東が続けた。

「でも、俺、中井だったらなんでも許せるんだ。もし中井が大道塾のライバルになっていたとしても全部許せる。俺は中井祐樹という男が大好きだ」

東は私が泣いているのに気付いていなかった。

夜半まで降っていた雨でアスファルトの上に水溜《みずた》まりがぽつりぽつりとあった。その水溜まりに飲み屋の看板が照り返していた。

東と別れて、私はホテルに戻った。いつまでたっても眠れなかった。天井を見ながらぼんやりと考えた。今日も夢に木村先生が出てくるかもしれない。このところときどき木村政彦先生や牛島辰熊《うしじまたつくま》先生、岩釣兼生《いわつりかねお》先生、そして猪熊功先生たち柔道関係者と一緒に酒を飲んでいる夢を見ていた。木村先生のことを考えているうちに眠ってしまった。

その酒席には牛島先生や木村先生、岩釣先生ら柔道関係者だけではなく東孝もいた。中井祐樹もいた。そして力道山もいた。猪熊先生もいた。みな車座になって楽しそうに酒を酌み交わしている。

立って見ている私に気付いた木村先生が「おお、増田君。君もこっちへ来いよ」と笑いながら手招きした。

「いいんですか……」

私が言うと、木村先生が「よかよか」と言ってまた手招きした。力道山も振り向いて満面の笑みで「一緒に飲もうじゃないか」と言って私が座る場所をあけてくれた。恐縮して私がそこに座ると、力道山が嬉《うれ》しそうに私の背中を叩き、酒をついでくれた。

顔を上げると、向かい側ではヒクソンと息子のホクソンが肩を組んで飲んでいた。その横には東孝と正哲の父子もいてヒクソンたちと破顔して喋《しゃべ》っている。ヒクソンと東は、互いに息子のことを自慢しているようだった。中井祐樹は夭折《ようせつ》した北大柔道部同期の吉田寛裕や九大柔道部の甲斐泰輔たちと酒を酌み交わしていた。私は酒を飲みながら、これが夢の中なのか現実なのか測りかねていた。そしてどちらでもいいからこのまま酒を飲み続けていたいと、強くそう思った。

対談　和泉唯信×増田俊也「思いを、繋げ」

和泉唯信（いずみ・ゆいしん）

1965年2月生まれ。神経内科医・僧侶。広島県立日彰館高校で柔道を始め、一浪して84年、北大入学。その後、柔道部主将を務める。大学体重別60kg級で北海道で二度優勝、日本武道館の正力杯で全国ベスト16。同部では増田俊也の二期上、中井祐樹の五期上にあたる。89年、理学部数学科卒業と同時に徳島大学医学部へ再入学。95年、卒業とともに広島大学第三内科入局。99年から実家である浄土真宗法正寺の住職に就任。2001年、徳島大学神経内科に赴任し、11年から臨床教授。専門は神経難病と認知症。筋萎縮性側索硬化症（ALS）診療では日本有数の実績をもつ。全柔連医科学委員会特別委員。三次市柔道連盟会長。

司会・構成：松山 郷

司会　『七帝柔道記』（KADOKAWA）が刊行されてから、七帝柔道自体の魅力もさることながら、北海道大学柔道部を人間的魅力で牽引《けんいん》する和泉唯信《いずみゆいしん》主将の言葉がそのまま日本経済新聞に引用されるなど、読者の間で大きな話題となっています。増田俊也さんの二期上で広島弁が印象的な和泉さんとは、どんな人物なのか。あの物語の後、部員たちはどうなっていくのか。また和泉さんと中井祐樹さんの関わりのなかから見えてくる格闘技史とは何なのか。今回は、徳島大学医学部神経内科の臨床教授として筋萎縮《きんいしゅく》性側索硬化症（ALS、全身の筋肉が萎縮し有効な治療法がない難病）などの神経難病診療に携わり、同時にご実家である広島の浄土真《じょうどしん》宗本願寺《ほんがんじ》派法正寺《ほうしょうじ》の住職としても活躍されている和泉さんを迎え、七帝柔道と北大柔道部の濃密な人間関係とその想い出について語り合っていただきたいと思います。

増田　最近、花村暁さん（現姓・西村、和泉の三期上、増田の五期上の柔道部員）が現役時代に年刊部誌『北大柔道』に寄稿した「金属と私」っていう文章で、和泉さんの前後の代のOBたちが盛り上がってるそうですね（笑）。

和泉　あれは凄《すご》い文章じゃったのう。あれこそ名文じゃ。北大らしゅうての。

増田　僕は最近、和泉さんに送ってもらって読んだんですが、ほんと凄いです（笑）。

和泉　花村さんはわしが一年目のときの四年目でのう。読んだときショックを受けた。北大いうのはなんと懐の深い大学じゃ思うてのう。あれ読んで、わしは「ああ、北大に来た」と思うたよ（笑）。花村さんは工学部金属学科じゃったけえ、題名に金属って入っとるんじゃが、読んでみたら、金属のキの字も出てこんけえのう（笑）。恵迪《けいてき》寮での夜の話とか、わけのわからんことばかり書いてあるけ（笑）。

増田　脈絡なく（笑）。「去年までは横に犬がいたのに」って寮内の野良犬のことが書いてあると思うと「話が逸《そ》れるが」って、どんどん話がズレていって、「私はいま快適である」とかわけのわからないことが書いてあって、「ガチョーン」と書いて終わっていて（笑）。なんちゅう北大生なんだと。そもそも柔道部の恵迪寮生の先輩たちとかもおかしいんですよ。恵迪寮と道場の間に教養部があるのに、教養部の横を普通に素通りして、寮と道場を行ったり来たりしているだけなんですから。しかも降りしきる雪のなかで。だって留年繰り返して八年も十年も七帝戦に出てた人もいたんですよね。僕も人のこと言えないすけど（笑）。学問が完全に抜け落ちてますもん。寮生じゃない柔道部員も、完全に他の学生とカルチャーが違うじゃないすか。『七帝柔道記』でも冒頭、和泉さんが出てきて、和泉さん、三年目だから本来は学部に行ってるはずなのに留年してるから教養部の食堂にいてジャージであぐらかいて坊主頭ですよ（笑）。

和泉　はっははは（笑）。

増田　眼がもう外国人みたいで。今はこんな優しい眼をしてますが、当時の和泉さんの眼は牛島辰熊先生みたいなんです。ギロッと睨《にら》んで飯を食っているんですよ。なぜ教養部にそんな人が（笑）。誰もそばに座っていなくて（笑）。こうやって椅子の上であぐらをかいてるんですよ。北大生どころか堅気にも見えない。そんな人が、十八歳の教養部の学生たちがいるところで一人だけ、鬼のような顔をして……。

和泉　はっはは。鬼かどうかはともかく、まあ、その「金属と私」という文章を読んですごく魅力に感じた。北大ってのは、すごい懐じゃ思うて。一応、旧帝大なんで（笑）。

増田　部員たちは柔道やってるか寝てるか酒飲んでるかですから。和泉さんもよく部室にいましたよね。

和泉　非常に心地いい空間じゃった。あっこで昼寝をするのは最高じゃったのう。

増田　いつの時代に残されていったのかわからないOBたちの古くて汚い服がいっぱい転がっていて潜り込めるんです。そのボロ着やら汚い柔道衣を体にかけて昼寝するんです。汚い綿の飛び出した布団もあって。でも……、痒《かゆ》くなるんですよ（笑）。

和泉　変な菌がおるからのう。寒い時期は逆に痒くない。虫も大人しゅうなる。

司会　『七帝柔道記』での和泉主将は、あまりにも老成していますが（笑）。

増田　僕が入部したシーンで、和泉さんが初めて連れて行ってくれる居酒屋「みちくさ」の引き戸を開けると、中からすかさず、「唯信！」って聞こえてくる。

司会　ママが常連客を迎えるように（笑）。

増田　常連客も常連客です。和泉さん、毎晩いるんですから（笑）。ドアを開けたらすぐにカウンターなんですよ。狭くて狭くて。トタンで覆われた店で外観も内装も汚くて、場末も場末（笑）。でもママは大場久美子《おおばくみこ》の叔母《おば》さん。この間、編集者に聞かれたんです。どういう雰囲気ですかって。いや、当時の部員は『あぶさん』みたいです、と。着流しで、酒を飲んで、練習する。

和泉　そうじゃねぇ。

増田　そういう店に入部初日に突然連れて行かれて。僕が財布を出したら「ええよ」って言われて。二軒目でも財布を出すと「同じこと何度も言わせなや」って。それで「三軒目、行くで」と。これは何なんだろうって。しかもニコリともしない。それで、「先輩、どちらの出身ですか？」って聞くと「わし？」って言ってギロリと睨んで「広島じゃ」ってひとこと言って、唐突にスポーツ紙を取って、僕を無視してカープの記事を一心に読み始めて（笑）。

和泉　当時はカープが一番強いころだったからのう。

増田　無言と言うか……高校生なら歩きながら喋るじゃないですか。それがポケットに

和泉　両手を突っ込んだまま前を歩いていってしまう。僕は寒いなか、後をついていって。

増田　増田君はまだ雪道に慣れていなかったかもしれんね。

和泉　それが理由じゃないす（笑）。どんどん進んで、次どこに行くかと思ったら寿司《すし》屋。寿司屋のカウンターなんて、高校生が座ったことないじゃないですか。しかも、出てきた寿司が梅ジャン（梅ジャンボ寿司の略称）だし。

増田　あれ、柔道をやっとると美味《おい》しゅうなるんよのう、不思議と。

和泉　シャリだけでかくて。ネタはこのくらい小さいんです。ただの酢飯のオニギリに近い（笑）。

増田　それが五五〇〇円ぐらいだった。

和泉　ごく自然体で「行くで」っていう。それでもまだ入門コースだったんですよね。

増田　入門コースじゃの。

和泉　何ヵ月か経つと別の馴染《なじ》みの店、そして二年目になると別の馴染みの店っていうふうに、だんだん怖い店というか、ディープな店に連れて行かれて（笑）。和泉さん、こんなところにも出入りしてたんだって（笑）。居酒屋「みねちゃん」の上の二階に「バップ」という元ジャズドラマーの人の店があって、ここも……。

和泉　北大生の鵺《ぬえ》みたいなのが来よるところから、ススキノの鵺みたいなのが来るようなところへね。

増田　だんだんディープなところへ（笑）。いったい和泉さんの夜の生活はどうなっているのかと、そのたびに驚かされるんです。それで僕たちも、だんだん染まっていく。

和泉　ほんまに鵜ばっかりじゃったのう、昭和は（笑）。

増田　ススキノの水商売の人たちが店が終わってから飲みに来るようなところだから、店が開くのが深夜零時ごろで、閉まるのが朝の七時とか八時とか、そんなところばっかりで。

和泉　さらに怖い「奈落の底」っちゅう店があって。まさに地下にあって不良の溜《た》まり場じゃったのう。

増田　あそこも凄かった。僕と竜澤が連れてかれたのは二年目になってからでした。

和泉　オボコの頃に連れて行くといじめられるかもしれんと思ってのう。

増田　暴走族と極道と、その女しかいない。マスターもヤクザみたいで吹き溜《だ》まりのようで（笑）。

和泉　試合の応援に来てくれたよのう。

増田　あのときはひどかった（笑）。和泉さんが五年目のときの体重別個人戦で、和泉さんの応援にあちこちのマスターやママが十人くらい試合会場に応援に来たんです。和泉さんが行くような飲み屋の人たちは、朝七時か朝八時まで店やっているから、朝九時から始まる会場に、そのまま徹夜で道場が開くまで教養部の前でゴザを敷いて酒盛りやってるんです、花見みたいに（笑）。それで試合中に酒提げてみんな上がってきて。そこでもグビグビやりながら完全に酔っ払ってる。「唯信！」とか掛け声して。で、和泉さんは優勝するつもりだから僕に「あんた、ちょっとマスターやママたちの世話しとってくれんかいね」って。しょうがないから僕、道衣姿で正座してお酌をするんですよ。僕ももう三年目で副主将だったのに。そうしたら役員席に並んでいる老柔道家たちが「増田はあんなやつらと付き合いがあるのか」って白い目で見てる（笑）。そんななか、「次、北大の増田選手、78kg級、早く上がってください」ってアナウンスがあって、「あっ、すみません、ちょっと行ってきます」って走って行くと、酔っ払ったマスターやママたちが「増田！　卍《まんじ》固めにいけ！」とか「コブラツイスト狙え！」とか煽《あお》るんですよ、酒の臭いプンプンさせながら。それで跳び付き十字を極《き》めたら、もうみんなで口笛をピーピー鳴らして「うわーっ！」って盛り上がるんです（笑）。

和泉　はっはははは。災難じゃのう（笑）。

増田　役員席の老柔道家たちはそれが僕の応援団だと思っているから、僕は「和泉さん、何とかしてください。先輩の応援団じゃないすか」って（笑）。色々、社会勉強をさせていただきました……。もともと和泉さんはなぜ北大を選んだんですか。たしか和泉さんは早稲田の理工にも合格していましたよね。

和泉　クラーク先生の「BOYS，BE AMBITIOUS（青年よ、大志を抱け）」

という言葉を読んで、あの言葉には続きもあるんじゃが、それを読んでこれだと思った。もう予感じゃね。七帝柔道も、北大の柔道部が高校の柔道とは違うなというのは入部してすぐ気づいたんじゃが、嫌でも何でもなかった。こういうもんじゃろうと。高校では監督や大人の言いなりじゃったが、北大はみんな学生の幹部で決めとって、やっぱり違うんだなと。監督、師範の存在も大きいけど、日頃の練習内容は学生が決めるというのが新鮮に感じたね。

増田　僕が北大柔道部に入って最初に驚いたのは、毎日、金澤（裕勝、和泉の一期上の主将）さんが時計を見上げていて、分針がカチッって四時を指した瞬間に「整列！」って言うことでした。一分早くも、一分遅くも始まることはなかった。毎日きちっと四時ぴったりに練習が始まった。

和泉　それは歴代ね、まったくブレることなく続いている。ダラダラと何となく始めるということはなかったのう。

増田　昭和六十一年（１９８６）の夏、金澤さんが引退して新主将に就いた和泉さんには、七帝戦のためにチームを引っ張る主将としての顔と、体重別で全国で上位に加わっていくもう一つの勝負師の顔と両方あって。当時は僕は気づかなかったんですが、実は一人だけ、早朝、当時の強豪の北海《ほっかい》高校レスリング部へ出稽古《でげいこ》に行っていたんですね。信じられない努力をしていた。二部練、三部練をやりながら、こっそり一人だけ、さらに練習していた。

和泉　こっそりってなんじゃ、こっそりって（笑）。

増田　抑え込む技術はやっぱり柔道とは違うじゃないですか。

和泉　違うね。それにレスリングはタックルをするからパッと切らなきゃいけん。勉強になったね。「みねちゃん」のマスターがレスリング出身で当時、山下泰裕先生が全盛の頃で。「彼の寝技はいいよ」って言って。「ちゃんとアゴを使えるんだ」って。「お前たち柔道のやつらは道衣を持つことに固執するけど、持てないなかで生身の体を活《い》かすことができないんだ」って。

増田　コントロール……。

和泉　そうじゃ。道衣を持って制するんではなしに、体の部分で制する。

増田　当時の七帝のレベルって相当高かったんですよね。いい選手がどの大学にもいた。京大の山崎正史さん（和泉の代の京大主将。大学時代に正力杯体重別全国ベスト8）とか中村文彦さん（和泉の代の東北大主将、高校時代に国体出場）とか、どの大学にもいい選手がいて。和泉さんも日本武道館の正力杯体重別で全国ベスト16に入ってますよね。

和泉　二度目の日本武道館（和泉は三年目時と五年目時に北海道体重別60キロ級で優勝し全国大会に出場）のときも袈裟《けさ》固めで抑え込んだんじゃが、左の袈裟なんてやったことなくて相手の柔道衣も当時は反則まがいの小っちゃいの着よってから、なかなか持てんかったんじゃが、右から左へ巧《うま》く袈裟に入ることができた。体のポイントで抑え込めた。みねちゃん効果だった。

増田 当時、他の格闘技とクロスするという考え方自体、稀有《けう》だった。正力杯でも上位進出を目指されて。後に正力杯で優勝した大阪商大の小熊選手とも対戦してますね。

和泉 小熊との試合は、終わったときに後悔した。一回寝技にいけそうなところをちょっと思い切っていけんかったんじゃ。終わったときにね、案外、七分目ぐらいまで来とったかなと思った。もう裾野《すその》でウロウロずーっとグルグル回っているつもりが、もうちょっとその気で頑張ったらいけたかなと。だから日頃からそういう気でやっとかんと、そこにはいかんということじゃね。

増田 五年目の優勝大会(大学団体日本一を決める七人制の大会)で、道都大学の一九三センチ、一四〇キロの青柳と正面から渡り合って、背負いと捨て身小内で終始攻めまくって引き分けました。和泉さんは60キロ級ですから自分の倍以上も大きい強豪と講道館ルールで戦って一歩も引かなかった。僕は新人戦で青柳に投げられて……。和泉さんは負ける気はしなかったんですか。

和泉 負ける気でおったら負けるからね。

増田 僕は投げられるかもしれないと思ったら投げられた……。そこの意識の差なんですよね。

和泉 寝技でもそうじゃろ。取られると思ったら、取られる準備がもう二つ、三つ手前からなされる。立技もそう。そこで常に先手を取らんと。主導権争いだから。受けの流れになったらもう、残念ながら持っていかれる。勝とうと思わにゃ、勝てんので。

増田　大宅《おおや》賞のときも僕がめげそうになって、電話で「やっぱりダメです……無理です……」って言ったら、「何言うとるんじゃ、獲《と》りにいきんさい」って。一つひとつの仕事に向き合う姿勢を教えていただきました。

和泉　「しっかり準備をする」という考えになったのは、わしの二年の時の負けに尽きる。自分のせいで先輩たちに迷惑をかけたんが許せんかった。医者の世界でも自分の生涯の師である亀山正邦《かめやままさくに》先生（故人／京都大学名誉教授。日本の神経内科・老年科の発展に大きな足跡を残した）に教わったのが、「何かを発表するにも三つ四つ、常に準備しておかなきゃダメだ」と。急に「今度、発表をしないか」って言われることがある。ところが、ほとんどの人は準備しておらんし、準備しとっても一個か二個じゃ。まさか自分が出るとは思わんかった、そういう気持ちの人間はきっちり負けるんじゃ。北大柔道部では、そこをすべての選手に共有してもらおうと考えて主将時代を過ごした。チーム力が抜群に抜けるというのはなかなか七帝では無理。少なくとも「整える」ことにおいては、各人が本当にアグレッシブに向き合う気持ちになれるかどうか。そこまで持っていくのがキャプテンの仕事じゃった。体の準備もさることながら、気持ちの準備ができていないやつ

増田　はわかるからね、すごく。それは徹底的に鍛えた。そこからあの地獄の練習に繋がったんですね。今、和泉さんが仰《おつしや》ったようなことは、小菅正夫《こすげまさお》（旭山《あさひやま》動物園前園長、和泉の十五期上の北大主将）さんも、中井祐樹君も言うんですね。僕が気づいたのは卒業してからでした。理想とする自分以上にはなれないと。

和泉　そうじゃの。それは明らかじゃ。

増田　道警へ出稽古に行く途中、雪道を足取り重く歩いていて、竜澤（増田の同期、後の主将）が和泉さんに食ってかかったじゃないですか。「こんなことしていったいどんな意味があるんですか！」って。「力に差がありすぎて練習にならない！」って。僕もそう思っていた。メチャクチャにされてあまりにも辛《つら》くて苦しくて……、ずっと疑問だったんです。卒業してから、いつか、和泉さんに、「どうして大学時代、あそこまで道警の出稽古にこだわったんですか」って聞いたら「トップのマックスの力を体で感じて、しっかり体に刻み込んで、その差をいかに詰めるか考えるためじゃった」って。当時の道警は警視庁や福岡県警と争う力を持っていて全国団体でも二位か三位。世界選手権三位の高橋政男先生や重量級の日本のトップ級がゾロゾロいた。その頂点を体で知ること、僕たち後輩にも教えるっていう。どれだけの差があるのかを……。

和泉　そうじゃ。当時ね、国士舘大学出身の田畑先生が師範として道警を率いられとって、一年のあんたらはついてくるのに必死じゃけわからんかったかもしれんが、実は色んな乱取り要員を準備してくれとったんじゃ。そういったなかでさっき言うたレベルっちゅうもんを体で味わおうと。

司会　増田さんは、「柔道部だけの砂時計がゆっくりと落ちていくような時間」と、書かれていましたが、あのシーンを読むと胸が締め付けられます。「道警と練習したって意味がない！」って、後輩の竜澤さんからぶつけられた主将はどんな気持ちだろうと。

和泉　それはね……、言葉足らずですから。柔道家はどうしてもね、実直で言葉足らずのところがありますから。

増田　みんな不器用ですからね。

和泉　じゃけえ、竜澤にもこの意味がわからんのかと。そう、わしは怒ったつもりじゃった。じゃがのう、結局は本人が認識せんことには……。意味がないというのは理屈なんじゃ。意味がないかもしれない。じゃけれども、わしが「弱虫」言うたのは、弱虫の部分はないか、と。徹底的にコテンパンにやられて、こいつらのパワーはこんなにもあるのかって、上限を味わうだけでもどこかで生きてくる。それに柔道は武道であり、格闘技だから。やはり凶暴なやつが勝つんじゃ。そこを理屈でどうだらこうだら言うとったら勝てやせん。わしら当時の北大にはそこが足りんかった。バイオレンスな部分がの。じゃが、それを持っとったんが竜澤じゃ。だから必然性がある。もう彼はそこのところまで到達しとって、ただ、最後の部分を「突破する」というのがね。図らずも、もしかしたら彼も道警への出稽古で身に付いたかもしれん。北大のなかでコツコツやって技を系統的に学んで、というだけでは越えられない線があるんじゃ、勝負事というのは。

増田　先輩がよく「想像できないものは実現できない」って仰いますけど、上が見えないと想像もできないし目標にもできない。

和泉　想像ちゅうんは、自分ベースに何でも想像する。自分で自分の限界線を引いちゃ絶対にそこは越えられん。仕事でもそうじゃ。特にインターネットの便利な時代になって想像はしやすくなったけれども、実際に会う、実際に見る、実際にぶつかる、というんは別なんじゃ。一線を越えるというのは直接会ってみないと感じられない。わしがあんたに「一流の人に会いんさい」言うのも、超一流の人が醸し出すもの、これが直接でないとどうにも感じられんからなんじゃ。『七帝柔道記』に出てくる山内（義貴）さんのこともそうじゃ。

増田　トレーニングコーチの山内さんですね。ハンマー投げの全日本トップクラスの選手でした。

和泉　山内さんに来ていただいたのも、うちはパワー不足じゃったからじゃ。それを感じたから来てもらおうと。それで二部練、三部練になったから地獄じゃったと思うけどね……。

司会　圧倒的なフィジカルを誇る山内さんにゴミ扱いされた部員たちが反発して、「ゴミにだって意地があるんです！」と泣いて怒る場面に、厳しさが表れていました。

和泉　山内さんはね、パワー部分だけではなしに、アスリートの肉体を作るのにバランスよく鍛えられるよう、バック反り跳びとか、体軸を強くするとか、そういう練習もやってくれてたんですよ。

増田　ウエイトトレーニングだけじゃなくて、短距離走者のトレーニングとか投擲《とうてき》選手のトレーニングとか。負荷をかけてジャンプしながら捻《ねじ》ったり回ったり。パワーだけじゃなく、当時東京で行われていた最新の体幹パワートレーニングとスピードトレーニングをやってたんですね。

和泉　それはね、みんなも勉強になったんじゃないかなと思いますよ。辛かったとは思うけど。

増田　もう地獄でした。わけがわからなくなる。一日中練習しているんですから。ただの北大生ですよ。ずーっと道場かトレセン（トレーニングセンター）にいる。それで、今日は普通の稽古《けいこ》だと思ってヨタヨタと最後の夜練のために憂鬱《ゆううつ》な気分で道場へ行って扉を開けたら、黒板に和泉さんの字で「道警四時集合」って書いてある（笑）。

和泉　あんたも本書くときにあの日誌を参考にしたじゃろうけど、日誌を毎日、大学ノートの罫線《けいせん》紙にきっちり書くんですよ。ＯＢで誰が来られたかとか、どんな技を研究したとか練習試合したとか。それがだんだん頭がおかしくなってきて、一行に一行だったのが三行に一行になってきて、最後は一ページに三文字とか、人の似顔絵だけになったりのう（爆笑）。もう、完全にみんなおかしくなってしもうて。

増田　支離滅裂に（笑）。余力が残ってないんですよ。合宿一日目の夜は学部の専門書を開いてる者もいて、二日目の夜は小説になって、三日目の夜は『ゴルゴ13』になって、そのうち何も開けなくなって死人のように横たわって。

和泉　もうホンマに限界じゃった。限界。

増田　肉体的にも精神的にも極限。一人じゃ絶対にできない。チームでやっているから、ここを抜けたら自分はそれこそ弱虫だって思って。自分より体力のない人もやっている、白帯の人もやっているなかで逃げられない。トレセンに入ったらシーンとして柔道部員以外は誰もいなくて。外は雪がしんしんと降ってる。柔道部員以外の北大生はみんな帰省中で。

和泉　あれは寒かったね……。

増田　寒いっすよ！　だって、ラグビー場もアメフト場も野球場も、全部こんなに雪が積もってキャンパス一面がぜんぶ一メートル以上の雪原なんすから（笑）。それが二メートル、三メートルってなっていって、吹雪がビュンビュン飛んでるし、冗談じゃなくてキャンパス内で遭難するかと思いましたよ（笑）。

和泉　当時は地球温暖化の前で雪が多かったけえの。じゃけ、それがよかった。北海道らしい風情があったのう。懐かしいのう。

増田　よくないっすよ！（笑）。トレセンに辿《たど》り着くまでに原生林があって。吹雪の原生林をクネクネ奥へ入っていって……。

和泉　じゃが、なんでじゃろうのう、当時はわしら、すごく薄着だったと思わんか。北海道の二月、三月ちゅうと、ムチャクチャ寒いはずじゃがのう。当時の写真見ると薄着なんじゃ。

増田　この写真、先輩がずっと着ていた紺色のジャージ、一枚ですよ（笑）。

和泉　これで雪んなか歩いても寒く感じんかった。今よりも遥《はる》かに寒いはずなのにのう。変じゃのう。

増田　変なのは、あの練習量ですよ（笑）。おそらく常に筋肉が温まっていたから寒くなかったんじゃないですか。だって、一日三回も練習してたら、もう体が……。『北の海』（井上靖《いのうえやすし》の自伝小説。高専柔道の強豪・旧制四高が舞台）のなかで、下級生が上級生のことを指して、「彼らは高専大会で優勝することしか考えてない。頭の中に高専大会しかない。体も柔道用にできあがってしまって柔道やって辛いなんて思わなくなっちまうんだ、きっと」なんていうセリフがありましたよね。だから竜澤が四年目になって主将になったときに、毎日合宿の朝、起きると六時半ピタリに「よし、まずは寝技乱取り、六分十五本！　八分二本だ！」って言うから、僕は副主将だから後輩のことも考えて「だめだよ。竜澤、一年目がいるんだから、朝から飛ばすな」って耳元で言ったら、竜澤が「だって俺、乱取りしてると気持ちよくなるんだよ」って（笑）。もうそういうふうに体ができちゃってる。

和泉　確かにそれは面白いね（笑）。

増田　ただ、あの和泉主将の時代の滅茶苦茶な練習量で本当に一年間で体もできたんですね。休養が全くなくて、ここまでやったらオーバーワークだと思ったんですけど、順応するんですね、人間って。すごく体が変わりました。僕が一年目のとき、ずーっと思っていたのは、ここである日突然、和泉さんのプレゼントで、「今日は技の研究だけじゃ。乱取りなしじゃ」って言ってくれたら、この疲労が取れるのにって。一日だけでいいからって。でも妥協が全くなかった。朝から晩まですべて柔道。練習の合間に、寝て、食べるだけ。

和泉　そういえば、山内さんのところは居酒屋（「北の屯田の館」）じゃけ、みんなずいぶん可愛がってもらって、ジンギスカンとか食わせてもらって……まぁ、竜澤はジンギスカンにトラウマがあるからワガママを言って「豚肉！」とか言《ゆ》うとったけど（笑）。

増田　そう、コンビニで豚肉を買ってきて一人で焼いて食ってました。一年目から四年目までそれを通したっていう（笑）。すごいですよ。傑物です。

和泉　はっははは。妥協しないワガママじゃねぇ（笑）。

司会　そんな地獄の特訓を経て、和泉さんも四年目の総決算の仙台《せんだい》での七帝戦に向かいます。『七帝柔道記』では、次に主将に指名する三年目の後藤（孝宏）さんが負けたとき、和泉さんが試合会場で「もっと自覚持ちんさい！」ときつく叱る場面が印象的でした。

和泉　彼の場合、柔道部に入ったのが遅かったから、どうしても及び腰、遠慮があった。主将も自分でいいのかというふうに思うところがあった。そういうものを払拭《ふっしょく》するために、きつく言う必要があったんです。

増田　やっぱり、最初は杉田（裕）さんが主将になるだろうと……。

和泉　杉田がなるのがどう考えても妥当じゃった。ただし、後藤も頑張っとった。後藤というのが重要な役割を担うのもわかっていたから、消極的な意味での任命ではないんじゃ。ただ、杉田のことで、我々が思った以上に後藤が遠慮する可能性は考えた。主将時代に伸びる者もいる。元々、強豪選手の場合は主将時代の伸びしろは少ないと思う。主将になった時点の強い弱いうんは、ある意味、関係ない。

増田　伸びしろって和泉さんはよく仰《おっしゃ》いますね。最初から強かった、才能ある選手が辞めてしまうこともある。仕事でもそう仰います。人が伸びる最も大切なものの一つが「素直さ」だと。

和泉　競技でも仕事でも、ある程度柔軟性を持ち続けとかんと、伸びん。これはこんなもんだからと固定してしまったら面白くも何ともない。元から強い選手は、そこの面白みを自分のなかで型にはめてしもうて、ここまでは勝てる、ここまではもう勝てんと明確に割り切りすぎてしまうけえの。七帝柔道という特殊な枠組みで続けるということに対して、面白みを見出《みい》だせんと。

司会 増田さんは『七帝柔道記』のなかで、沢田《さわだ》（征次《せいじ》、増田や竜澤の同期で高校時代からの強豪）さんという柔道のエリートも描いています。

和泉 沢田君の場合は、本当にいい選手だったですね。ただし、増田君がこの本でも書いているように、彼が大学でやろうとしているところのメインではあり得なかった。わしが想像で言うんは彼に失礼なので、あくまでわしの想像として聞いてほしいんですが、色んなところで彼の活動と両立させるという観点が、ここ（柔道部）ではね、容認できんかったんじゃないでしょうか。ムチャクチャ厳しい世界なんで。

増田 あれだけ拘束時間があることが……。

和泉 彼には到底、耐えられんかった。ただ、賛同して入ってきてますしね……。高校時代にずっと強豪チームでやってきて、もうそこはね、ある意味、彼からすれば〝済んだ話〟だったのかもしれない。もう一回そこを求められるとは思っていなかったのかもしれん。同居できなかった、というのが適切なところかもしれん。

増田 そのなかで、一番扱いにくい竜澤という少年が……。

和泉　わしら先輩にとっては扱いにくくはなかったで、別に（笑）。まあ、カンノヨウセイ（新入部員の伝統儀式）で反発したりしたけど、素直なところがあるけえのう。

増田　そうですね、素晴らしい主将になりましたからね。竜澤が主将のときの最後の四年目の七帝戦の試合で、ＯＢの和泉さんの声援が飛んでるんです。「妥協すな！」って。それでこの間、中井祐樹君の三年目の七帝戦の動画を見ていたら、今度は竜澤がＯＢとして、「踵《かかと》、踵！」とか「ちゃんと持ってから返せ。もう一回、もう一回！」とか、声を張り上げて言っているんですよ。同じことを繰り返していて……。

和泉　そうじゃの……。繰り返されていく。

増田　自分が上の学年だったころのイメージで後輩を見ると、みんなすごく弱いんですけど、中井が三年目の時の代表戦でゴトマツ（後藤康友、増田の二期下。一二八キロの巨漢で白帯から始め、副主将となった）が甲斐（泰輔、九大主将の超弩級《ちょうどきゅう》選手）君と戦ったり、あの代の主将の西岡（精家、増田の二期下）も一年目の頃は弱かったけど、素晴らしい主将になって九大主将の有田（英智）君を一本背負いで投げたけど、自分があれだけ簡単に取れたやつが成長してくれる。明らかに現役時代の自分より強くなった。それは本当に自分が勝つことよりも嬉《うれ》しい。後輩が伸びたときの感覚って、本当に「分身」なんだなって。

和泉　そうじゃの。彼らはよくやってくれた。わしも体重別では優勝したが、七帝戦での五年連続最下位が心残りでね……。それと、秋の東北大学との定期戦でも負けた。それが、まだ自分が五年目で在学中（和泉は北大では理学部数学科だったが一年留年していたので五年間在籍した）に後輩が勝ってくれたから。その時は竜澤主将とあんたら三年目以下だけ（この定期戦は新人戦の位置づけで三年目以下に出場資格がある）で3―1で勝って。それで心置きなく卒業できたの。

増田　その前の年、僕たちが二年目のときの東北大定期戦が札幌でありましたよね。先輩が四年目のとき。

和泉　そうじゃ。あの試合がのぅ……。

増田　東北大は二年連続京大と優勝を争っているチームだから「自分たちは観光に来た」って言ったんですよ。それで当時、超弩級選手の上級生を順に後ろに並べて、前の方には下級生が全部来て……「俺たちは試合したくないからおまえらで片付けろ」と。「観光に来ただけだから」と……。

和泉　キャプテンを大将にね、副キャプテンを副将、選手監督を三将にね。あれはね、北大時代において最も屈辱だった。

増田　あの屈辱はもう……。

和泉　やはり色んなスポーツでも言葉のあやっていうのがある。それで我々は頑張れた。だからそういうつまらんことはね、やっぱり冗談でも言っちゃいけん。

増田　ええ。ただ、最近知ったんですが、東北大の先輩たちはあの時、連覇して気が緩んでる後輩たちを鼓舞するためにあえて言ったらしいんです。同じ七帝柔道を志を持って修行した同士、今になると、そういうことがわかってきましたが、当時は知らないから本当に屈辱に感じました……。それで竜澤主将の代、僕たちの最後の七帝戦のとき、五年連続最下位から脱出するための大会で、一回戦で因縁の東北大と当たった。七帝は定期戦とは違って何年間でも出られるから、東北大は医学部五年目の斉藤《さいとう》創《つくる》さんという超弩級の選手がいて、そこは抜かれてもしかたがない、後ろで抜き返す作戦で後ろのほうに竜澤とか僕とかを並べたんです。実際、創さんに二人抜かれて、一人は肩を脱臼《だっきゅう》したんですよね。

和泉　抑え込まれただけで脱臼するすごいパワーと技術を持っとったからのう。(斉藤)創はいい選手じゃった。

増田　本当にすごい選手だった。でも、竜澤が後ろのほうで出て二人抜き返した。竜澤が二人目を腕緘《うでがら》みで折ったじゃないですか、平然と。一年目のとき、道警で「なんの意味があるんですか！」と怒っていたあの竜澤が。後輩が肩を脱臼させられたというのもあった。よく「なんで参ったしないんですか」って聞かれますけど、もうそんな雰囲気じゃない。先輩は「肥やし」っていう言葉をよく使われますけれど……。

和泉　そういうのはホント社会に出てもいっぱいある。侮辱されたり、軽く見られたりいうのは。そこでそのまま受け入れるか、なにくそと思うかで大きく違う。

増田　僕の代が東北大学に勝って最下位を脱出して、その後、今度は優勝への長い道のりが始まるわけです。連覇している京都大学を倒すという。僕たちは東北大に勝って準決勝で京大と当たって……。

和泉　1―0じゃね。

増田　絶対王者に対して一人残しの大健闘ですけど、五年連続最下位だった北大が準決勝に上がってきたから京大もビックリして、引き分けが続いて。おそらく対策を立てていなかったんですね。そこから今度は優勝への道のりが始まるんですけど、それがまた長かった……。優勝するのは中井祐樹が副主将の代ですから、僕たちのさらに三期下でした。二期下の西岡主将のときが二位。そこで京都大学と準決勝で当たって土をつけて十一連覇を阻止した。それでもうひとつのパートから上がってきた九大との決勝戦では代表決戦にもつれこんだ。九大は甲斐君が出てきて、こっちはさっき言ったゴトマツ（後藤康友）っていう白帯から始めた大っきいやつが絞め落とされて。

和泉　前絞めをね。

増田　はい。後藤は下から守って脚を一本越えられて二重がらみで守ってたんです。そこを十字絞めで絞め落とされた。

和泉　やはりやっとったら、後藤の腕の力が弱いのがバレたんじゃろう。だから前から

増田　思いっきりやられた。

和泉　あの二重がらみを外さなければ、距離がとれたから落ちるところまでいかなかったかもしれない。後藤があわてて二重がらみを外して十字絞めを外そうとしたから完全に入ってしまいました。

やはり甲斐のセンスじゃ。相手の弱いところを攻めるというのが常道だから。普通に抑え込もうと思うたらなかなか抑え込めんかもしれないけども、あれを取るのが彼のすごいところじゃ。

増田　強かったですよ、甲斐は。五、六人抜きますからね。

和泉　しかもほとんど息が上がらん。すごいスタミナだった。普段の練習量じゃろう。

司会　その次の年、その甲斐さんが九大主将に就き、北大は主将の吉田寛裕さん、副主将の中井祐樹さんの代になります。引退後、甲斐泰輔さんが二十二歳、吉田寛裕さんが二十四歳で夭折《ようせつ》したと「ＶＴＪ前夜の中井祐樹」で触れられていますが、九大と北大の関係者にとって、いかほどのショックだったのか、想像もできません……。

増田　吉田が……。僕が覚えているのは、吉田たちが優勝した日の夜に大阪のホテルのロビーで和泉さんに「吉田を呼んできんさい」って言われて、僕が吉田を連れて来て一緒に寿司《すし》屋に入って「おめでとう」とビールを注いで。最近、和泉さんに「あの時は中井もおって四人で飲んだ」って言われて。僕は吉田の印象があまりに強くて中井がそこにいたことを忘れていたんです。で、和泉さんにこのあいだ聞いたんですが、あのとき、中井が言ったんですってね、和泉さんに。「先輩、大丈夫ですか？」って。

和泉　いま思うと、中井は前を向いとったということじゃね。次のステップを。北大での仕事はこれでおしまいと。もう次に遥《はる》かに大きなアンビション（大志）を持っとったわけじゃ。その点、わしはもうそれ（七帝優勝）でね、燃え尽きたと思われとったんじゃろう。

増田　表情に出ていたんですかね。先輩、大丈夫ですか、と。

和泉　わしが入学してから五年連続最下位、その後、あんたらの代が三位、城戸の代が三位、西岡の代が二位、北大入学して九年越しに、やっとね、悲願の優勝ができたということで、感慨ひとしおじゃった。

増田　吉田がもう本当にいいキャプテンで……。七帝の決勝戦の最中に、試合よりも僕たち若いＯＢに声をかけてくるんですよ。「今から試合する一年目の山下志功っていうのは素質のあるやつで、寝技の吸収も早くて」って。「それよりも自分の試合がもうすぐだろ」って言うと、「えっ」て言って。先輩たちにも後輩たちにも同期にも、色んな人に気を配って。「お前、もう試合に行け」って言ったら走って行って一人抜いてまた返ってきて、「次に出るやつは期待の二年生で藤本勤っていうんですが……」って。優勝して和泉さんに呼ばれて寿司屋で飲んだとき

和泉　も、「おめでとう、よくやった」って言っているのに、吉田が話すのは、和泉さんと僕たちの話ばかりだったんですよね。「和泉さんのときの優勝大会は最強でしたね」って。「いや、そうじゃなくて。おまえたちの祝いの席なんだ。俺たちのことはどうでもいい」って言ってるのに、「あのメンバーの七人は最強です」って言い続ける。吉田のあの席のイメージが強烈だったんで、先輩に「あのとき中井もおったよ」って言われたときに……、僕も舞い上がっていたんですね。中井だけは次を見据えていたから、空気が違っていたのかもしれない。

増田　中井はね、佐々木（洋一コーチ、小菅正夫の一期下の寝技師）さんの最高傑作じゃった。中井があやってね、頑張っとったころ、わし自身は優勝を見届けて、中井に心配されたような表情をしとったように、同時に（現役柔道家の）熱意も失ったんだと思う、おそらく。残念ながら。

和泉　優勝した瞬間に。

司会　優勝した瞬間に。まあ翌年も観に行ったけれども。それと……、あの後、吉田が死んだのが大きかった……。

和泉　ご病気で、自ら命を絶たれて……。

これはものすごく……あれほど気持ちを持ってやっとって、気持ちも共有して、まさに分身じゃった。でも、それだけの思いを持って繋《つな》いだ人間が死んでも……わしはのほほんと生きとるんじゃ……。（眼を潤ませ）吉田が死んでから徳島で毎日朝を迎えないかんあの寂しさは……朝が明けるあの寂しさは……忘れられん……。そのときに思うたんじゃ。なんぼあれだけ気持ちを共有して、愛しておっても、そういう人が死んでもやっぱり、残った者は生き続けるんじゃなと。人の残酷さというか、辛《つら》いところを感じた。それで日常の馬鹿げた話をしたり、平気でやってしまう……止められない。それが……何とも言えん……（絶句）……。少し気分的に（北大柔道部から）あのころ遠ざかったかもしれん、色んな意味で。達成感と吉田を失った喪失感……。医学部生として忙しくなる時期でもあった。そういうことが複合的になって、関心がないようにせざるを得んかった。じゃないと……わしも精神的なバランスが取れんかった……。

増田　和泉さんが吉田の死から立ち直ろうとしているとき、竜澤が僕のところに電話してきて……、「和泉さんがすごくショックを受けていて心配なんだ、どうしよう」って。吉田が自分の定期入れのなかに、「自分はこういう男になりたい。和泉さんのような男になりたい」って言って、和泉さんの写真を……、憧《あこが》れて入れていたことを、和泉さんが知って……（大粒の涙を落として絶句）。……（泣きながら）僕が何度電話しても、和泉さんは話せなくなって途中で電話を切ってしまう。そんな状況で、医学生としての勉強にものすごい努力を重ねられてた……あの頃、僕たちは物理的に離れていて、電話も家にいる時しか繋がらなかったんです……。

和泉　（天を仰ぎながら眼を潤ませ）当時は、携帯電話がなかったけえの……。

増田　だから……本当に……。

和泉　わしはたまたま東京に全日本選手権を観に来とった。吉田の死を聞いて、驚いて実家を訪ねて線香をあげさせてもらった。そこで、それをお母さんから聞いて……。

増田　写真が、定期入れに入っていたと。

和泉　それはちょっと……言葉がなかった……今も……。（潤んだ眼をゆっくりと閉じ）あれはちょっと立ち直るのには時間が要る話じゃった。人生最大のショックじゃった。そう簡単には……もう、少なくない時間が経ったけど……その日に戻るとやっぱり……だめで……。竜澤もすごく心配してくれてね。占いで観てもらったらしい。わしがおかしくなったって。あいつも素直なやつだから何でもする。お祓《はら》いみたいな人にも聞いてくれたり……心配させてしまった。二重、三重に衝撃があって。あの吉田が、というのもあるし、お母さんから聞いた写真のことも……。大切な、大切な後輩がそう苦しんでいたときも、その人のケアをするでもなく、生きておるのがわしなんじゃ……。じゃけえ、今の患者さんに対しては、ちょっとでもやらなきゃいかんというのが本当に痛切な教えとして残っておる。後回しにしちゃダメだと。今やらないとダメだと。今できるベストをすぐ持って、その人にぶち当てないと。それがさっきの亀山先生の教えにも繋がるし、わしの痛い経験からの教訓じゃ。待って、準備ができてから何かしようじゃダメなんじゃ。今やるじゃないと。それが吉田がね、わしに教えてくれた大切なことじゃと思っとる。知らずにおった……は言い訳なんじゃ。知ろうとしなきゃいかんし、知った上で行動しなきゃいかん。今わしが取り組んどるALSも、治療方法がないのが現状じゃ。でもずっと治療方法がないと、そう世間に言われ続けるのは医者として辛い。それでも患者さんを診察していかなきゃいけない。それをバイタリティ、エネルギーにしないと。

司会　増田さんがよく言われるんです。「生きているときに会っておかなくちゃだめなんだ」と。

和泉　それは私がキツく言ったから。

増田　そうです……。

和泉　それはね……まあわしもいっぱい痛い経験をしとるけえ。わしは北大五年間と徳島大六年間、合わせて十一年も学生しとったから、本当に親不孝者じゃ。しかも大学院にそのまま入って無給じゃ。それからしばらくして初めて給料をもらった。親父はわしが医者になるのをずっと楽しみにしとってくれて、おふくろからよく「安心して喜ばせてやってくれ」って言われとったから、給料から十万円を入れて袋を持って渡そうとしとったんだけど、何かそのとき、口論になって……。

増田　電話でですか。

和泉　いや、親父が入院しとった病院へ見舞いがてら金を包んでいって、つまらんことで口論になったんじゃ。それで「わかった。じゃあ、わしゃあ、もう帰る！」言うて袋を渡さずに帰った。そうしたら、明けた朝に吐血してそのまま死んでしもうた。金を入れたまま渡せなかった。すごく後悔が残った。親鸞《しんらん》も言《ゆ》うとるが「明日ありと思ふ心の徒桜《あだざくら》」ゆうてね。明日があると思うと、それが徒になる。その日、会えるうちに会っておかんといかん。本当に、真理だと思う。直接会える、お礼できるうちにお礼しとかなきゃいかん。

増田　僕にとっても、吉田寛裕たちが優勝するまでの道のりっていうのはもう人生を凝縮したような……、本当に嬉《うれ》しかったし……、その後も東京で今の北大の監督をやっている宮武《みやたけ》君たちが十年振りぐらいに優勝してくれましたよね。宮武は練習し過ぎで試合の一週間ぐらい前に手首を疲労骨折してたじゃないですか。ギプスを巻いていたけど敵に悟られないように道衣の袖《そで》でギプスを隠して大将に座って、それでチーム皆で「宮武主将まで試合を回すな」って言って、彼に一試合もさせないで優勝した。その時、祝勝会の席で……、和泉さんが突然、壇上に上って。優勝旗を持って、天に突き上げて……（絶句し、また涙を流し始める）……「吉田、優勝旗が戻ってきたぞ！」って言って……。

和泉　………。

増田　あの時はみんな、岩井監督も泣いていたし、竜澤も……。和泉さんは「吉田！おまえの握った優勝旗が帰ってきたぞ。宮武主将が取り戻してくれたぞ」って、あって……。

和泉　吉田のことを忘れないで言ってくれた。社会がどんどん動きが速くなっているじゃないですか。だから、忘れることもあるんだけど、忘れちゃいけないことって

司会　宮武もええ男じゃ。ええ主将じゃった。今も監督で本当によくやっとる。その宮武がのう、あの日は優勝旗を取り戻してくれて。ちょうど……、会場が東京じゃったけ。吉田は東京（出身）だから……。

和泉　……和泉さんが最後の七帝戦を終えたとき、「いったいどこへ進んだらいいんですか」と泣きじゃくる増田青年に、「後ろを振り返りながら進みんさい。繋ぐんじゃ。思いはのう、生き物なんで。思いがあるかぎり必ず繋がっていくんじゃ。先輩たちにとってわしらは分身じゃった。今日からは、わしらの代にとって、あんたらが分身になった」と、諭す場面が忘れられません。

増田君は「思いは繋がる」って言葉を残してくれたけれども、繋がる側もね、そこを繋げていかんとね。そこが大切だと思います。受け取る側がね、本当に文字通り、我が事として受け止めて責任を果たしてくれたら、それは本当に嬉しい。言葉だけじゃない、本気で分身として思える存在がいたら。それをわしは実感できたんです。自分は生身でまだ生きておりながら、もう試合には出られない。ある意味もう、命を取られたようなもんだけど、ちゃんとね、分身と思える彼らが、柔道衣を着て勝って達成してくれて、自分ができんかったプレー、動きをしてく

れる。これほど嬉しいこと、実体感があるものはない。今は、何でもかんでも自分でしなきゃ、自分一人でできるというふうなことを皆、言い過ぎる。自分ができなくても思いを繋《つな》いだ人ができる。医局とかもそう。自分の時代では治せない病気も、次の世代では治せるかもしれん。多くの病気がそうじゃ。ALSも含めて、まだまだ全然手強《てごわ》い病気がある。ただ、それは自分が医者として現役のときはダメかもしれんけれど、次の人たちがやってくれたら、この上なく嬉しい。そしてそれは可能かもしれない。そういうのを北大柔道部から学ばせてもらった。

司会　以前、日本経済新聞の書評に「思いがあるかぎり必ず繋がっていくんじゃ」という言葉が掲載された話を増田君がしてくれたけれども、ちょうどあの書評が掲載された日、わしの師匠、亀山正邦先生が亡くなられた。そこのところもすごく、様々なことを感じた……医師として亀山先生の思いを繋いでいこうと……。

和泉　東京で宮武主将が優勝して優勝旗を再び持って天国の吉田寛裕さんに見せることができたのは本当に感無量だったんですね。

増田　わしが優勝旗を持てたことは嬉しくはないですよ。吉田に捧《ささ》げられるということが嬉しかった。この東京でできたということが。宮武ら選手も本当によくやってくれたなと。

原田久仁信《はらだくにちか》先生が漫画『KIMURA』のなかで、中井のバーリトゥード・ジャパン（VTJ）の試合で、吉田と甲斐君の姿を描いてくださいましたけど……、

和泉　僕は、本当にいたんだと思いますよ。あの日本武道館に吉田もいたし甲斐君もいて、中井を見てた。和泉さんが以前そう仰《おっしゃ》ったときから僕もそう思うようになった。自分一人の力ではできないことも、色んな人の思いが集まったときに、信じられない力が出る。正直、ＶＴＪの前は、僕は中井が勝つとはまったく思わなかったんですけど、先輩はあの試合前に話を聞いて……。

増田　あのときは、中井の状況がよくわからんかったよ。

和泉　当時、徳島大学の学生ですよね。

徳島大でも柔道はしとったけど、授業にも真面目に出て勉強に力を入れていてそれはそれで、大切な時期だったんだと思う。彼は彼で頑張って。ゴルドーに眼をつぶされたときに会《お》うて、それで心配した時はありましたけど。別の道をそれぞれ研鑽《けんさん》しとった。増田君の今の質問に対しては、やっぱり先入観があるじゃろ。マスコミ、とくにテレビの力っちゅうのは大きいけえ、あんな大っきい選手がやっているなかで、あまりにも中井は小さいから……。こういう（寝技で打撃技を封じて寝技で戦うブラジリアン柔術のような総合格闘技の）世界があるいうのが当時まだイメージできんかった。だからちょっと、わしは中井はモノにならんだろうと思った。失礼な先入観じゃった。じゃが、中井はそれを打破した。彼がゴルドーみたいのに勝つというのは考えられんかった。そこまでの高みに行っているということは。柔道がすごいキャパシティ、可能性を秘めたもんなんだなということを中井は教えてくれた。惜しむらくは、（失明で）現役をそこで退いたという、（眼を潤ませ）あれがなければどういう選手になっとったのかなと……ほんとうに……。

増田　ええ……。北大柔道部を出てOBになってから中井のように色んなところで信じられないマグマが出てきて。和泉さんも小菅さんも、他の大学の先輩たちも。抜き役、分け役、それを支える人も、それぞれが柔道を辞めても七帝柔道を続けている。

和泉　そうじゃの。抜き役の人がずっと取っていても、最後に取られたら悔いが残る。そういう意識はわしも医者になってからも持ち続けた。わしは柔道では抜き役ではなかったけれども、今の診療でずっと外来の患者が来るじゃろう、同じ感覚じゃ。大変な患者が来ても、そこでハッと息を抜いちゃいけない。また次にとんでもない病気が直後に来とるかもしれないし、絶対に気を緩められない。負けて終わるのは医師として絶対にあっちゃいけないことで、それは今の自分に完全に生きとる。

増田　和泉さんは以前、僕が「和泉さんは外国や日本全国で開かれる学会を飛行機で飛び回っているトップクラスの神経内科医として活躍している」とツイートしたときに電話してきて、「そうじゃない。わしの戦いは、毎日の診察室なんじゃ。毎日やってくる患者さんを誠心誠意、命がけで真剣勝負で診察し続けるのがわしの

和泉　仕事なんじゃ」と仰いました。僕はその言葉にすごく感銘を受けました。五十人も六十人も外来に来たときに、神経内科の患者いうのは、普通の病気を診るのと違って、すごく時間がかかる。だから多く診るのは大変なんじゃが、それをやるというのは、自分が果たせなかった抜き役を今やっているような感覚じゃ。だから絶対に気を緩めずに、一人ひとり丁寧に対応していく。

増田　和泉さんは「今の仕事の向こうに畳を見んさい」って仰いますよね。「これを七帝戦だと思ってやりんさい」と。

和泉　わしにとっては、外来診察室に入るときは、やっぱりそこに畳が敷かれているようなイメージじゃ。気が引き締まる。きっちり一人ひとりやっていくんだと。同じ人を診るにしても、だんだんレベルアップしていかなきゃいかん。ルーティンワークになりがちなことを、そうならないために、七帝の練習の経験が生きておる。

増田　和泉さんは医師であり、同時に浄土真宗の僧侶《そうりょ》でもあります。よく親鸞の話をしてくださいますが、ふたつの仕事をどう結びつけておられるのでしょうか。

和泉　さっき言うた親鸞の言葉、「明日ありと思ふ心の徒桜」は、「夜半に嵐の吹かぬものかは」と続く。明日も咲いているだろうと思っていた桜も、夜のうちに嵐が吹いて散ってしまうかもしれないと。だから今、得度の儀式をやってくださいと。これは、親鸞が九歳のとき、得度される前夜に詠まれた歌とされるけど、最近、ハッと思い当たってね。これはそんな子供のころに言ったら凄《すご》いけど、彼の生涯をずっと感じ取ったら、もしかしたら晩年に言ったんじゃないかなと。色んな経験を積んだ上で、明日があると思っちゃいけんという境地になったんじゃないかなと。我が身に置き換えたときに、親父のときもそうだし、吉田寛裕のときもそうじゃった。いつか会えると思うて、先延ばしにせん方がいい。後悔を残してしまうから。でもそれは、まだわしは現役で医者ができるからね、後悔が残らんように先手先手で、早めに準備していくことはできる。今の自分のフィールドの多くは医者じゃが、医療の現場で仏教的な〝味わい〟の部分が今こそ大切じゃと思う。細かく分化して、人を分割してここだけ診るみたいなのはダメで、トータルで見る必要がある。これは亀山先生の大切な教えの一つでもあるけれども、そこには、やはり倫理観、宗教観いうのは無視できん。そこを一般の間でももう少し議論していってもらえたらと思うとる。

司会　終末在宅医療に取り組まれて亡くなった岡部健先生も「臨床宗教家」の活動を提唱していました。そういう出番も必要だと。

和泉　そうですね。今、わしはALSという難病の診療、治療法開発に努力していますけど、一人ひとりの患者さんと直接会って、なるべく時間や思いを共有したいなと思っていますね。

増田　先輩は休みの日は日本中のALSの患者のところへ一人で黙々と空路や鉄路を使

って行って、それを診て、励ましています。時間を縫って、ＡＬＳに苦しんでいて和泉さんを頼る患者さんのところまで足を運んでおられます。

和泉　大学病院とかにおったらあんまりすることができないんだけども、率先してやっているのは家に行って、その人たちの顔を見て環境を知ること。まだ健康だと思っとるわしたちには、どうしても実感できん部分が多いから。でも、患者さんにとって治療法開発は本当に切実な願いなんじゃ。なかなか来てくれんなと思っていることもあるし、そういうところで時間を割いて診療に行けば、どれだけ治らない病気に対して治療が望まれているかいうのがわかる。そうすると、また治療法の開発研究にも力が入る。患者さんよりこっちの方が人生の後輩じゃ。ナンボ医者として色々知識がある言《ゆ》うても、そんなものは治らない病気になった患者さんにとっては何にもならない。一人ひとりこういう気持ちをお持ちなんだということに向き合う時間が必要じゃ。今、技術がすごく進歩しとるけ、研究室で一生懸命やればもしかしたら成果が上がるかもしれん時代じゃ。しかし役割分担がなされすぎてその人たちは患者さんと会うことは少なくなっとる。じゃが、両方しなきゃいけんのじゃ。今は逆にそれが出来る。技術が進歩しているから。患者と会って、それを治療に結び付けられる時代になっている。今、わしが当時の七帝柔道のようなエネルギー、情熱を傾けているのはそこなんじゃ。

増田　戦後ＧＨＱ支配の七年間で、宗教というものも日本人は奪われてしまって……。

和泉　復興に向けてものすごい勢いで、高度成長が良かった点もあるけれども、そこから芽生えた悪いこと、日本人のアイデンティティいうものは本当に損なわれた感がある。うちの爺《じい》さん（和泉の祖父も父も僧侶）がオモロイ言葉を残しとって。「いいことは悪いことだ、悪いことはいいことだ」って。柔道もそうじゃろう。あれだけ組織が拡大して、見た目で言えば、人も羨《うらや》むようなガッチリした組織だろうけれども、矛盾が生じておる。それを見つめ直すいい機会なんじゃなかろうか。医療もこれだけ便利になったから、何でもかんでも治るんじゃないかというふうに患者さんは勘違いされるけれども、だからこそ悩みが深うなっとるところもある。これだけ選択肢が広がったから。『木村政彦はなぜ力道山を殺さなかったのか』も『七帝柔道記』も、そういった読まれ方をされたら別な味わいがでてくるんじゃないかなと思う。あの二冊は柔道の話ではない。もっと根源的なところにテーマがある。

増田　先輩が『木村政彦はなぜ力道山を殺さなかったのか』を読まれたときに最初に仰《おっしゃ》ったのは、阿部謙四郎（木村政彦に最後に土をつけた柔道家。戦後、講道館と対立して渡英。欧州武徳会《ぶとくかい》設立を宣言し、英国で柔道や合気道を指導した）先生にすごく……。

和泉　今の柔道界の状況も会社もそうじゃろう。色んなドグマが生じて、それに妥協して流派や主張を変えていかんと生き残れんところがある。その点、ずっと変えなかった阿部先生というのは、男としてはすごく魅力を感じた。矢尽き刀折れても最後の最後まで主張を曲げずに、大多数になった向こう側に対して要求していくって、今の日本人にはできん。それでも阿部先生にはできたし、できるはずなんじゃ。阿部先生はちょうど徳島の方じゃけ、こんな人がおったんかと非常に感銘を受けた。松原隆一郎先生も書かれていたけど、やはり、武道は社会に生きる。

増田　松原先生の場合は武道を継続しながらそれを生かしておられるけれども、たとえ競技武道を体ですることができなくなっても、武道は社会生活をするうえで大きく生きてくる。そこのところを絶対に大切にせにゃいけん。

和泉　我が事のように受け止めるっていうのが。北大柔道でも木村先生も……。会社であろうとただのグループであろうと、人が集まったら、抜き役、分け役が両方とも必要で価値がある。

増田　大学四年間、あの道場にいて、その四年間があったからこそ、いまも立ち止まって考える能力が養われました。

和泉　増田君はそのまま中退して、中井もそうだし。卒業っていうのを経ずにやって。

増田　先輩がいて同期がいて、他のフィールドでもみんなが頑張っているから、自分もやれる。その絆《きずな》と決意と。あの人は企業で、あの人は医者で、中井はリングで頑張っている。俺だって、って。

司会　増田さんが大学を中退したとき、あるいは作家としてデビューしたとき、和泉さんは先輩としていろいろ心配なされましたか。**和泉**　増田君に限らず、中井も、やはりあれだけのことをやったもん同士ですよ。変な心配は全くなかったです。

増田　『木村政彦はなぜ力道山を殺さなかったのか』が単行本として出て、まだ大宅賞にノミネートされる前ですが、出版後すぐに和泉さんが名古屋に学会で来られた時に、ぶらぶら駅前を二人で歩いて「この寿司《すし》屋が美味《うま》そうじゃのう」って、ふらりと店に入ってカウンターに座ってビールを注いでくれたんです。「あんたが入部した日も、みちくさのカウンターにこうやって二人で座ったのう。あれからもう四半世紀も経ったんじゃのう」って。それで和泉さんが「これだけの本を書いたんじゃ。これだけのことを一人の人間のためにやったんじゃけえ、これからどんなに苦しいことがあっても、辛《つら》いときでも、天国の木村先生が助けてくれるじゃろうて」って……。

和泉　木村先生はのう、わしが高校時代に広島に来られてね、指導してもらったことがあった。相当晩年だったし、確かに体は大きくはない。でも、軸が違う。体重移動が。それは子供心にも感じた。ただ、まだああいう一流の柔道選手をこっちが柔道家の目で見ていないから、当時は通り過ぎた人じゃった。タブーじゃったんじゃ、プロ柔道って。七段のまま据え置かれて不遇なんだけども、ここまでのことをされているとは夢にも思わんかったけえ。柔道いうのはやはりアマチュアがメインで、それでプロ柔道として少し不遇をかこった人だと。一方、相撲は興行だから、しょっちゅうメディアでも双葉山《ふたばやま》がどうだとか、谷風《たにかぜ》がどうだとか出るけれども、木村政彦先生は出てこなかった。そういったなかで、よくここまでやってくれたなって感動した。一人の主人公の木村先生の話だけじゃなしに、色んなバイプレイヤーとか、あるいは組織論の盛衰も描いてわからせてくれた。本当に労《ねぎら》いたくなったんじゃ。

司会　人生にはアップダウンがあります。

和泉　アップダウンがあっても、それでも色んな人生があるでしょう。最後に大輪の花が開いたり、スポットが当たったらそれはそれでいいかもしれないけども、そうじゃなくても、一人の人間の晩年の静かな輝きいうのは、たとえ不遇があってもあるんですよね。それが非常に読み取れましたね。岩釣兼生先生に日本一を獲《と》らすことができたというのも大きな花だったかもしれないけれども、それ以外の静かな輝きも伝わってくるものが多かったですね。

増田　昨日も和泉さん、岩釣兼生先生の奥様のお店に行かれて。

和泉　いや、東京でも行きつけができてよかった（笑）。

増田　僕は素直に、四年間で素直になれました、自分に。何でも素直に受け入れることができるようになりました。

和泉　レスリングとかウエイトトレーニングとか、勝つことに貪欲《どんよく》になって一つのことに打ち込んだ時期というのは本当に大切な時間じゃった。何でも取り入れ、勝つことに対して素直に、柔軟になる。スポーツに限らず医者でも何でも一流の人というのはその辺りの思考回路が非常にシンプル。これはこれだからできないなんて、あまり言わん。それを達成するためにはどうなんだという発想で、シンプルになってくる。よく、それをやるにはこの障害があるじゃないですかと言われるけど、そこの方法論的のところばっかり言いすぎる。何かを達成するためには先入観を取りはらうことも必要じゃ。それはこの北大柔道部で先輩たちのやりようからも学べたし、合同稽古《けいこ》とかもね。色んな人が、道警以外にも札幌刑務所とかね。いい練習をさせてもらった。

増田　はい。

和泉　若いころにね、一流の人に知らん間に会っていた。佐藤宣紘《のぶひろ》先生という佐藤宣践《のぶゆき》先生のお兄さんもおられた。金鷲旗《きんしゅうき》で生徒たちを優勝させて指導者としても一流。一流に触れるということのきっかけは、わしが最後の体重別、幸いにも北海道で優勝できたけど、その四日ぐらい前に、わしはクラシックが趣味じゃけピアノコンサートに行ったんじゃ。ソ連のスヴャトスラフ・リヒテルっていうピアニストがおって、「世界最高のピアニスト」って書いてあった。それだったらと奮発して一列目で聴いた。ピアノってエレガントな印象があるけど、全然違った。ものすごい強弱のコントラストがあり、また「世界最高のピアニスト」が真っ赤になって弾いているのにものすごく感動して興奮した。大事な試合前なのに朝まで寝られんかった。そのまま、何かずっとピアノが頭に鳴り響いとった。その興奮状態のまま大会で優勝できた。そのときに実感したんじゃ。やっぱり一流の人いうのはオーラがある。そういう人たちの間近でオーラを実感する意味があると思った。それ以来、大学が変わって徳島大学に行ったときも、授業は一列目で聞くようになった。恩師の亀山先生のことも、なるべく近くで吸収しようとした。

増田　大宅賞の受賞パーティーのときに、大学や高校の先輩、同期も挨拶《あいさつ》してくれましたけど、高校時代の仲間はみんな、増田がいかに強かったかと言ってくれるんですけど、でも大学の人たちは、いかに弱かったかを言うんですよ。僕は弱かったんです。それがわかっただけで、僕はあの北大柔道部での四年間は是だったと思う。僕なんか強くも何ともないっていうのを四年間で思い知らされた。そこからどうやって自分が生きていくのか。柔道家になるわけじゃないけど、和泉さんがよく仰るように、人生の予行演習であり、僕たちにとっては五輪なんて遠いですけど、でも後の別の社会での五輪を目指していける。

和泉　社会という道場に出る前の予行演習をさせてくれた非常に大切な場所じゃったね。確かに勝ち負けは重要じゃけど、それが北大柔道の全てじゃない。それに、予行演習というのは意識してやるんじゃなしに、図らずも予行演習になるというのがいい。

増田　そうなんですよ、終わってみたら。

和泉　図らずも。だから、予行演習になるからしんさい言うのはね、ちょっと若い子たちには勧められん。現役の若い子たちには「試合に勝ちなさい」としか言えん。でも、その結果、そこでやったことは、後に色んな場面で適用できる。少し変形させてね、使えることがものすごく多い。

増田　すべて柔道に替わるんです。僕がちょっと辛いときがあったんですけど、竜澤が電話で「増田君、胸に〝北大〟っていう刺繍《ししゅう》が入った道衣を着ていると思って歩いてみ。そうしたら、どんなことだって耐えられるから」って言ったときに、スーっと楽になったんです。

和泉　それは、誇らしいよね。

増田　誇らしいです。和泉さんが「畳を前に見てる」と仰ったように。

和泉　あの空間のイメージ。そう思うと緊張感も取れるし、神聖な気持ちになる。患者さんと接するときに、畳に上がるように最初のドアを開けて入ることは、わしにとっては本当にいいことじゃと思う。

増田　小説を書くことも本当に命がけで厳しいんですけど、僕もその作業を、必ず頭のなかで「寝技乱取り六分七本目」とか「十本目」ってイメージするんです、畳を。そう思ったらできるんですよね、どんなに厳しくても辛くても。

和泉　そうじゃろうね。あれを何本もね……。医療でも非常に厳しい状態とか、シビアな患者さんが続いとるときでも耐えられる。その現状に押し潰《つぶ》されずに持ちこたえられるものをいただけたと思う。それに団体戦だからね、チーム医療も。自分がもういっぱいいっぱいになっても、いい具合に申し送ったり、ヘルプを求めたり、替わることもできる。自分が一人で何でもやらなきゃいけないんではなしに色んな人がそれぞれの能力を活《い》かせばいい。

増田　僕が入部したときに和泉さんが「自分のために頑張れんことでも人のためなら頑張れるんで」って言ってくれましたよね。

和泉　本当にのう、人間ちゅうのは自分のことより人のための方が頑張れる。不思議なもんじゃ。自分のことはナンボでも妥協を付けられる。ここぐらいでいいと。それが人に対しては頑張れる。

増田　あの練習は傍《はた》から見たら無駄なことをやっていたように見えるかもしれません。スポーツで言ったら、あんなに乱取りをしているっていうのはオーバーワークかもしれない。効率的じゃないかもしれない。でも、後々考えれば、あれが最善だった。何度も繰り返し繰り返しやってたことが生きてくる。それはやっぱり武道だったんじゃないですか。実生活に生かすって意味では。

和泉　世の中には器用な人と不器用な人がおって、運動オンチな人でも、乱取りを繰り返すことによって形を確立していく。あれはとても意味があることなんだと思う。わしも医者で手先は器用じゃなかったから、同じことをしつこく繰り返した。例えば採血いうのは、あまり皆したがらない。いずれはナースがやる仕事じゃけ。それを徹底して、しつこく率先してやった。柔道によって培った発想で。繰り返しやってものにすると、その先が広がっていく。必ず生きてくる。

司会　まるで、柔道衣を着ているようです。

増田　作品を書くときいつも柔道衣、着てますよ。心のなかで。武道に存在意義があるかと言われますけれど、あると思います。

司会　私が『七帝柔道記』に惹《ひ》かれたのは、この物語が、北大だけに、柔道だけにとどまらず、ほかの格闘技を志す人にとっても、あるいは格闘技ができなくても、生きる希望になると感じられたことなんです。増田さんはこう書かれていますよね。「私は、北大だけが苦しんでいると思っていた。北大だけが頑張っていると思っていた。北大だけにドラマがあると思っていた。しかし、他の六大学にも同じようにドラマがあるのだ。私たち北大柔道部員が苦しい日々に耐えながら札幌の星空を仰ぎ見ているその同じ時刻、仙台で、東京で、名古屋で、京都で、大阪で、九州で、それぞれが同じ星空を仰いでいるのだ」と。

増田　これは北大柔道部員の物語だけど、誰もが自分の物語だと思ってもらえたら、と願って書きました。

司会　最後にお互いにメッセージを。

和泉　増田君は、これからも自分にとって手応《てごた》えのある作品を世に送り出して欲しいです。その点は妥協せずに頑張って欲しい。人気作品をたくさん、次々と売り出している作家さんも並々ならぬ努力をされていると思うし、すごい力じゃ。素晴らしいと思う。ただ、増田君にはそれはできんと思うから。まだ作家のなかでは比較的に若い方だから、足らん思うところは貪欲に勉強してやりんさい。

増田　はい。七帝戦の延長だと思って頑張ります。吉田寛裕たち他の大学も含め夭折《ようせつ》した後輩たちのためにも。作家という仕事は僕に神様が与えてくださった天命だと思っています。和泉さんは、僕だけにではなく、どの後輩にも同じように愛情を注いでくださいます。随分前に僕が後輩のことをちょっと悪く言ったんですよ。僕そうしたら、すごく怒られました。「後輩のことを悪く言いんさんな」って。僕はそういう一言を忘れない。大学に入る前は、僕はそういった人の言葉をきちんと聞かない人間だったけれど、あの四年間ですごく素直な人間になれた。『木村政彦はなぜ力道山を殺さなかったのか』のなかでも木村先生が、まだ拓大一年だった岩釣先生が同じことを質問したときに怒るじゃないですか。「俺が一度言ったことは百回言われたことだと思いなさい」って。忘れられない言葉です。軽薄な世の中で言葉が浮いている時代に、一言をじっくり受け止めたいと思います。先輩、今日は本当にありがとうございました。

対談　増田俊也×山田直樹「29年目の青春の決着」

山田直樹（やまだ・なおき）

1965年、福岡県出身。整形外科医。名門・修猷館高校柔道部で伝説の寝技師・奥田義郎に師事。三浪して86年北大入学、同期の増田俊也と出会うも、二年目の七帝戦を最後に退部。北大法学部中退後、塾講師をしながら司法試験に挑戦するも断念。37歳で北大医学部に再入学、40代半ばで整形外科医に。社会福祉法人仁生社江戸川病院ならびに医療法人社団誠馨会新東京病院勤務。日本整形外科学会・日本骨折治療学会会員。

司会・構成：松山 郷

司会　増田俊也さんの自伝的青春小説『七帝柔道記』は、今から三十年前、昭和六十一年に、寝技中心の七帝柔道をやるために二浪で北海道大学に入学した青年が寝技漬けの大学生活を送る様をリアルに綴《つづ》り、格闘技文学の新境地を開いた作品です。その主人公が憧《あこが》れる同期の新入部員として《佐賀造士館《ぞうしかん》高校》から三浪で入学してきた強豪選手《沢田征次》が出てきます。たくさん出てくる登場人物のなかでも、最も人気の高いキャラクターの一人でした。しかし、作品のラストで、その本誌での増田さんとの対談で松原隆一郎先生も「沢田君は今どうしてますか？」一昨年、《沢田征次》青年は柔道部を辞めてしまうという示唆がされています。と聞いたように、読者にとって最も気になる存在でした。増田さんによると、その後、《沢田》さんのモデルである山田直樹《やまだなおき》さんは、柔道部だけではなく大学も辞めてしまって音信不通だということでした。ですが、今年になって『七帝柔道記』を読んだその山田さんから、実に二十九年ぶりに連絡があったとお聞きし、ぜひあの本の読者、そして現在青春をかけて練習に打ち込む格闘家のために、『七帝柔道記』のその後をお二人に語っていただこうと思い、二十九年ぶりの再会を本誌で実現させていただきました。増田さんがさまざまな挫折《ざせつ》のなか四十代半ばにして遅咲きの大宅賞を受賞した同じ頃、山田直樹さんも司法試験から起死回生の医学部受験に切り替えて四十代半ばで北大医学部を卒業、いまは整形外科医として活躍されています。今回のこの二人の再会は、二十九年前に言葉足らずで別れ、別々の人生を歩んだ二人の青春の決着になります。この決着は、二人だけの話ではなく、いま青春を生きるすべての若い人たちの励みになるだろうと思います。山田さんの修猷館《しゅうゆうかん》高校柔道部時代の師匠は『七帝柔道記』の中では仮名となってますが、あの岡野功（一九六四年東京五輪中量級金メダル、一九六七・一九六九年全日本選手権優勝等）を全日本選手権で抑え込み、佐藤宣践（一九七三年ローザンヌ世界選手権金メダル、一九七一年全日本選手権優勝）をも絞め落とした寝技の鬼・奥田義郎先生（天理大出身。戦後最強の寝技師と謳《うた》われ東京五輪では対ヘーシンク要員として神永昭夫《かみながあきお》や猪熊功に寝技を指導。一九六四年全日本選手権ベスト8）です。今日は奥田先生の思い出も含め、お二人にお話を伺いたいと思います。よろしくお願いします。

増田　よろしくお願いします。

山田　お願いします。

司会　作品の中では《沢田さん》は佐賀造士館高校という架空の学校の出身者ということになっていますが、実際は福岡県の名門中の名門、修猷館高校ですね。

山田　はい。修猷で奥田義郎先生に師事して柔道を修行しました。

増田　奥田先生といえば、今度出版される『木村政彦はなぜ力道山を殺さなかったのか』の《外伝》でも「木村政彦vs山下泰裕、もし戦わば」というシミュレーションで寝技解説をしてくださっている、戦後最強の寝技師と謳われた方です。岡野功先生と三回戦って寝技を駆使して二勝一敗と勝ち越し、さらには佐藤宣践先生を下から〝ねずみ獲《と》り〟を仕掛けて絞め落としてもいます。岡野先生は八〇キロですがそれよりさらに小柄な一七〇センチ、七〇キロの体で全日本選手権ベスト8にも入っています。僕は大学時代に山田君に聞くまで、恥ずかしながらその存在を知りませんでした。

司会　作中では、北大植物園で奥田先生（作中では乾健太郎）のことを聞く場面は名シーンでした。この『七帝柔道記』が出てから、山田さんは決心して福岡の奥田義郎先生のご自宅まで挨拶《あいさつ》に行かれたそうですね。

山田　はい。こういう媒体の力ってすごい。だからこれはもうほんとに感謝ですよ。

増田　僕は発信する側だから感覚が違って。相当いろいろ聞こえてきたの？　山田君のところまで？

山田　聞こえてきた、聞こえてきた。

増田　おまえ出てるよ、みたいな？

山田　読んだ人が「あれ、おまえやろ？」って。他の人のほうが詳しいわけよ。こんなふうに書いてあって「あれおまえやろ？」って言うんだけど、俺が《沢田》になってるんだったらわからんって。「だけど九州出身て書いてあるよ」って。そうかもしれんけど、俺はああいう形で北大柔道部に義理を欠いたようなことをしとるから、俺から確認しようもないと。あえて増田君が実名を使わんかったのは、なんか考えがあるのかもしれんし、別の人間かもしれんからと。

増田 迷惑をかけたらいけないっていうのが……、今どこでどうしてるっていうのがわからんかったんで。松井隆なら、電話して、「おまえ出すよ」で通じるけども。

山田 ほんとにすごい反響で。文章って力があるなと感じたよ。今回は本当に、メディアの力、文章の力を感じさせられた。人の人生を変えてしまうほどの。自分はもう奥田先生には全然連絡とれない状態だったから。怖くてね、顔向けできんやった。司法試験に受からんで、医学部受験に切り替えて三十七歳で北大医学部に再入学して四十代半ばに医師になって東京に出てきて、それでも隠れて生きていた。でもうちの高校の同窓会経由かなんかで電話番号がもれて、たまたま福岡かなんかの同窓会のときに奥田先生おられたときに「山田と連絡がとれたんですよ」って言ったらしい。それで、突然夜中の十一時ぐらいに携帯電話にかかってきて、そんとき俺研修医で、ちょうど当直やったのね。そのときにかかってきたからもう慌てて……何日もなにも手につかないくらい狼狽《ろうばい》した。

増田 奥田先生から直接電話が？

山田 うん。「どうしよる」と。もう焦って焦って……。

司会　そして、この『七帝柔道記』が二〇一三年春に出たことで、師弟の絆《きずな》を取り戻すことになります。今年の春、その感謝のメールが山田さんから増田さんに送られてきたそうですね。これを読むと、奥田先生と山田さん、そして山田さんと増田さん、男同士の絆に胸が詰まります。《私はあのような無礼な形で北大柔道部を去った人間なので、貴君に連絡を取れるような立場ではありません》《柔道から去ったことは、私にとって奥田義郎師匠に対する裏切り行為ともいえました》と始まるメールには、あの七帝戦以降の二十九年間の放浪生活が「恥ずかしくて誰にも会えずに隠れるように生きていた」と綴られています。一念発起して医師となっても師匠には顔向けできなかった、でも『七帝柔道記』が出て自分が登場していることに驚き、その取り上げられ方に感謝し《やっと腹を括《くく》ることができたので、正月三日に奥田義郎師匠宅を訪れ、三時間ほどサシで飲んで語り合うことができました》《増田君、君の文章のおかげで私はかつての友人を何人も取り戻すことができました。君の作品がきっかけで連絡を取り合っている人間関係はきっと他にも沢山存在していると思います。これからも、御活躍を期待いたしております》と結ばれています。柔道家らしい照れながらの無骨な文章なだけに、魂をふりしぼるような思いが伝わります。増田さんはこのメールを貰《もら》ってからすぐに編集部に電話をかけてきて、嬉《うれ》しそうに話しながら、感極まって絶句していました。

増田　……こうやってお互い五十歳になって、いろんな経験を人生や仕事に活《い》かせるようになったんで、まわりに恩返ししていく番かなと思っています。
山田　色々あったけれども、師匠に顔合わせられるようになってよかったなって思う。
増田　若い医者は、きっと山田君の背中を見ながら……。
山田　いやいや。俺はどうこうってあれじゃないけど。たしかにしぶとく生きてきたっていうことだけは言えるかな。けして要領よくとか上手にというのはできなかったけど、そういうしぶとさ、気持ちの強さは柔道やってなかったらできんかった。
司会　自分には、大人の今になって、高校の先生に何かを報告しに行こうということがあまり無いのですが、山田さんにとって奥田先生は、離れている期間でも大事な……。
山田　もちろんそうですね。ほんと親父以上に親父なところはありますね。
増田　山田君が医者になったというのは、メール貰う前に北大柔道部の一期下の東英次郎君から最初に聞いたんだよ。それで嬉しくてすぐに和泉さん（増田たちの二期上の主将。『七帝柔道記』の準主役で広島出身。現在は僧侶《そうりょ》・神経内科医）に電話したら、和泉さんがひと言、「奥田義郎の弟子じゃという山田の矜持《きょうじ》じゃのう」って感慨深げに言った。「プライドっちゅう横文字を使うようなそういう軽いもんじゃのうて、奥田義郎の弟子だという男の矜持、それが彼の胸にずっとあって、きっちり這《は》い上がってきたんじゃろう」って。

司会　さっき山田さんは「顔向け」と仰《おっしゃ》いましたが、格闘家と話すとそういう、今ではあまり耳にしなくなった言葉が出てきます。増田さんと話していても「筋を通す」とか「義理がある」とか「頭を丸める」とか、懐かしい言葉がよく出てきて、それが柔道家にすごく似合ってるのが羨《うらや》ましいです。

山田　男として、その部分は大切に生きたいね。

司会　増田さんは、『七帝柔道記』で描いた《沢田征次》以外にも、北大柔道部時代の山田さんに、様々な思い出があるようですね。

増田　一年目の五月、北大に入学して一ヵ月くらいしか経ってない頃に全日本学生柔道優勝大会（講道館ルールで大学団体日本一を決める七人制の点取り団体戦）の北海道予選があったんです。もちろん僕たちは一年目だからまだ出てないですよ。そのときに一回戦で道都大学と当たったの。当時道都って言えば全国行ったらベスト16ぐらい。ベスト8とスコアでも五分五分、次の年はベスト8入るかなというい試合してたんで、けっこう強い頃。当時優勝大会ベスト8と言ったら超一流校ですよ、大学柔道界の層が厚くて関東も関西も九州も東北地方も群雄割拠の時代ですから。そのときに四対一ぐらいで北大が負けた。

山田　うんうん。覚えてる。

増田　金澤さんだけが北海道チャンピオンから横絞め（クロックチョーク）で一本取って。他の先輩は立ったら持っていかれるけど、寝たら粘っこかった。それで僕は

司会　横で見てた山田君に「先輩たちの寝技すごいよね」って興奮して言ったら、「おまえ、あんな寝技がすごいと思うんか。道都大のあのレベルなら取らなきゃだめよ」って言って。そのときまだ奥田義郎先生のこと聞いてなかったから。「いや、でも道都大学相手にこんなすごいじゃん。相手、一二〇キロから一四〇キロだよ」って。でも山田君が「金澤さんだけよね、よかったのは」って言ったの。この人のこの自信、どこから来るんだと思った。のちのち山田君が奥田義郎先生の弟子で、高校時代からトップ校並みの練習をしていたことを知るんですけども。

山田　当時の増田さんの同期で、山田さんだけが見えている景色が違っていたと。山田さんは北大柔道部に入ったのは、やっぱり大学でもちょっとやってみようかと。ちょっとっていうか、他はあんまり考えてなかったですね。やっぱり柔道をやるんだなって、自然にそう思ってましたね。

司会　もう一度寝技中心の柔道をやるっていうのに、抵抗感はなかったのでしょうか。

山田　別にそれは。

増田　知ってたんだね、九大行った先輩たちから聞いて。

山田　そう。七帝大の柔道というのは寝技でっていうことは知ってた。

司会　増田さんや山田さんが、地元の名古屋や福岡を離れて北大へ行ったというのは、やはり異境の地への憧《あこが》れがあったんでしょうか。

増田　そうですね。現役のときは勉強してなかったからとりあえず適当なところを受けて浪人してから勉強しようと思って、旅行気分で一番遠い北大を受験したんですけど、その雪の風景に魅せられちゃって三回受け続けた。当時、元気な男の子は地元だけは行きたくないと思ってたからね。

山田　行きたくなかったよね。

増田　医学部行くやつは地元行くのはいたけど、たいてい男の子は。

山田　よその釜《かま》の飯を食ってという風があった。

司会　親元を離れて。

増田　とにかく離れたかった。僕が北大入った年も旭丘《あさひがおか》から北大に八人も入ったからね。地元の名大は四十人くらいじゃなかったかな。僕の高校で男で名大行く子は、医学部は行ってたけど、医学部以外で行くのはほとんどいなかったと思う。東大や京大に入れるなら別だけど東大にも京大にも医学部にも届かないとなると、地元に残るくらいなら、北大や東北大、九大へ、あるいは早稲田とか慶應とか、他の国立大学へとか、いろんな所へ散らばっていった。

山田　そうそう。

増田　憧れて住んだ札幌は、考えていた以上に魅力的な街だった。でもあそこで山田君とクロスした柔道部の一年目って僕だけだったんだよね。あんまり山田君はいろいろ語らなかったからわからなかった。僕は二浪と三浪で歳が近かったから時々聞いて、奥田先生のこととか知ったけど、他の一年目は知らなかった。

山田　そうだったかもね。

増田　山田君は一年目なのに四年目と同い歳だったから。当時の四年目はほとんど現役合格だったんで、金澤さんにしても岡田さんにしても斉藤トラさんにしても、みんな山田君と同い歳。

山田　斉藤トラさんって、虎姫《とらひめ》高校出身の、髭《ひげ》を生やした。

増田　そう。あの代は個性的だったよね。

山田　冷血金澤、残酷岡田、陰険永田って言われてたね（笑）。岡田さんはいま何してらっしゃるの？

増田　三井物産で、ロシアかどこか旧ソ連圏で仕事をされてる。先日、井上康生《いのうえこうせい》監督が日本選手団を連れてきて、向こう在住のいろんな財界人がパーティーを開いたらしいんだよ。そこで井上康生に「三井物産の岡田といいます。私も北大時代に柔道をやっていました」って挨拶《あいさつ》したら、康生が「えっ！　もしかしてあの残酷岡田さんですか！」って（笑）。

山田　井上康生にも知られてたんだ、すごいね（笑）。

増田　柔道を扱った作品って少ないから。

山田　ほんとね。でも面白いな（笑）。

増田　僕の中には「山田直樹名語録」っていうのがあって。それを今、いろいろ思いだしてきた。

山田　なにそれ（笑）。

増田　山田君の入部の挨拶も僕は覚えてる。「大学に入ったら柔道はやめようと思っていましたが、父が荷物のなかに柔道衣を入れて送ってきました。その道衣を見てやっぱり自分は柔道が好きだと思いました」と。柔道衣のことで覚えてるのは、たとえば僕は柔道衣を裸で持ってきてたんですよ。帯で縛って練習に。昔はよくあったじゃないですか。そしたら山田君が怒ったんです。「おまえね、そういうことをやると、外で柔道をやってない人が怖がるやないか」と。「それは柔道家としては一番恥ずかしいことだ」と、これは奥田先生の教えだと言われて、僕はそれから柔道衣は裸で持ち歩かないようになった。

山田　それは俺ちょっと覚えてないな（笑）。

増田　鞄《かばん》じゃなくて、コンビニで紙袋が売ってるでしょう、百円か二百円で。当時山田君が、鞄じゃなくてそれに道衣を入れて持ってるのがかっこよくて真似して。

山田　そんなことしてたかな（笑）。

増田　うん。僕もそれからは紙袋の中に道衣を隠して持ち歩くようになった。奥田先生だからちゃんと教育してたんだろうと。柔道やってるというのは外でひけらかしちゃいけない。

山田　うんうん。

増田　山田直樹語録をもう一つ披露すると、ラーメン屋に二人で行ったときに、出てきた醤油《しょうゆ》ラーメンに僕が胡椒《こしょう》をかけたら「おまえ失礼なやつやね」って。「おまえ、ラーメン屋の親父に敬意ないんか」と。「まずそのままでスープを飲んで、味わってから自分で好きな味をつけろ」と。「親父がひと晩ふた晩かけてつくった味をおまえは胡椒で消すんか」と。

司会　たしかに老成してますね（笑）。

山田　あのころやったら言うたかもしれない（笑）。

増田　まあね。一年目だけど二十二歳だから（笑）。そういう一つひとつが新鮮で。柔道部って、そこに放り込まれて、牢獄《ろうごく》に入れられてるようなんですよ。その中で男の子同士、決着つけないと前に進めなくなる。その意味で教育装置としてもすごく面白いんですよね。山田君が老成してたのは年齢が上ということ、高校ですでにトップレベルの練習を経験していたこと、それだけじゃなくて修猷館出身というのも大きいのかもしれない。修猷館というのは一七八三年に福岡藩の藩校として設立された名門中の名門で、政財界に綺羅星《きらぼし》のごとく人材を輩出してる。尚武の気風を持つ九州のトップに立つ修猷館出身者の矜持《きょうじ》というのは、やはりすごいなと、大学時代から思ってた。

山田　そんなことはなかよ（笑）。

司会　いや、ありますよ。あの作品を読んだ読者は、みんな感じていることです。

増田　『ビッグコミックオリジナル』で漫画版『七帝柔道記』を連載してくださってい

山田　る漫画家の一丸《いちまる》さんは僕よりいくつか年齢が上の女性なんですが、先日、打ち合わせの時に「《沢田》君から二十九年ぶりに連絡があった。医者になっていた」とメールの内容を話したら、「よかった……」と泣き出してね。

増田　女性の漫画家さん。すごく綺麗な人で、感性が豊かな人だから。よかったとポロポロ涙を流して。

山田　ありがたいね……。

増田　ほんとにありがたい……。

山田　山田直樹名語録を他にも話しましょうか（笑）。

増田　まだあるのか（笑）。

山田　あるある。僕は寝技は山田君にマンツーマンで奥田式のものを叩《たた》き込まれたんです。非常にオーソドックスな技をとことん極《きわ》める感じでしたね、奥田先生の寝技は。

山田　うんうん。

増田　いわゆるトリッキーなことは嫌った。

山田　そうそう。そういうのは嫌いよった。基本にきちんと裏打ちされたきっちりした寝技を叩き込まれた。

増田　僕はまた細かいこと覚えてますけど、三浪で衰えた体が戻ってないのに強豪選手を抑え込んでしまった話を。三浪がどれだけフィジカルが落ちてるのかを二浪の僕はよくわかる。二浪でも体が戻るのに目一杯練習して二年以上かかったから。それでも引退するまでずっと立技は戻らなかった。ブランクって、それくらいスポーツ選手にとって大きいんです。でも、三浪のそんな体でも山田君の強さは際立っていた。北海道の私大に旭川龍谷《あさひかわりゅうこく》高時代、インターハイに出た強い選手がいたんです。旭川龍谷って当時、寝技がすごく強かったんですよ。そこの出身の強豪を山田君が一年目のとき体重別の一回戦で当たって横四方で抑え込んじゃった。「おーっ！」って会場が沸いたんだけど、その選手も巧《うま》い。下から今でいうフットチョーク、横四方で抑えてる山田君の下から、足首のところを引っかけて絞めを仕掛けたんです。当時の柔道ではそんなことやる人いない。入ってると思ったんだけど、山田君は一切動じないで、そのまま抑え続けた。でも、三十秒直前に山田君が落ちちゃった。

山田　あったね、そういえば。覚えてるよ。しかしすごい記憶力だな（笑）。

増田　それで、山田君が試合終えて戻ってきたときに「あの技すごいね。びっくりした」と言ったら全然動じないで「あんなのは、ただの飛び道具よ。たいした選手じゃなかと」って博多《はかた》弁で言いながら帯を結び直してる。普通の選手だったら慌てて外しにかかる場面だけど、なんにも動じないで抑え続けた。慌てなかったのがすごいと思ったし、やった向こうもすごいけど。今だったら青木真也選手とかが地上波でやるけど、当時あんなことやる選手いなかったから見たことなかった。

山田君が仕掛けられても動じなかったのは、そういう技があるの知ってたんだよね。

山田　まあそうだけど。でもあれは抑えきれると思ったんだ。たしかに首は甘かったと思う、俺は。落ちやすくなってた。

増田　木村政彦先生が書いてるんだけど、絞技だけはいくら鍛えても強くなれないと。自分も、牛島先生に落とされすぎて、いま自分で頸動脈《けいどうみゃく》に触るだけで数秒で気持ちよくなるって木村先生が書いてる。

司会　奥田先生も以前、本誌のインタビューで言ってました。つっぱった気性のために絞められても耐えてばかりいたら、落ち癖がついたと。

増田　おそらくそうなんだと思う。北大に佐々木洋一コーチが来たときに、横絞め（クロックチョーク）の研究会があって、山田君と二人で組んで僕が最初にかける側になって「こう？」とか聞くと、もっとこっちへ回ってとか下から亀になりながら山田君が言ってて、声が聞こえなくなったなと思って顔見たら落ちてた（笑）。まずいと思って急いで活入れて。当時は怖かったから殴られると思って「ごめんごめん」って何度も言ってたら、「よかよか。おまえもしつこかね。男は一回謝ったらそれでよか」って。でもすぐ落ちちゃったから、おそらく相当、高校時代に落とされて……。

山田　この人（奥田先生の写真を触って）のおかげでもう、ほんとに（笑）。

増田　おそらく防衛反応でそういうのを体が覚えちゃうんだろうね。苦しくないように、早めに落ちるように体が順応しちゃう。

司会　当時の修猷館の練習ってどんな感じだったんですか。

増田　僕は大学時代いろいろ山田君に聞いてたけど、さすがに書けんだろうっていうのがいっぱいあって書かなかった（笑）。先輩が普通に道衣に着替えて、普通にですよ、練習前に道場で笑って話してた。そこに奥田先生が入ってきて怒った。「おまえ練習の前に何笑っとうとか」って、引きずられるようにして乱取りが始まり、延々と落とされるから、途中で柔道場から隣の剣道場に逃げ込んだ先輩もいたと。外の弓道場まで逃げ出した先輩なんかは蓋《ふた》の開いていたドブに落ちて捕まって、その場で「ギャー！」ってずっと叫んでたと（笑）。連れ戻された後も延々と乱取りで落とされてたって。同じ話を新聞記者になった古賀亮二先輩（修猷館柔道部卒、九大柔道部卒）からも聞いたことがあるけど、それにしても、屋外にまで走って逃げようと思うんだから相当、怖かったんだろうね（笑）。

山田　はっははは（笑）。その話はした覚えがある（笑）。でも俺が入ったときはもう少し優しくなってた。何期か上までの先輩たちにはそれくらいやっとったと聞いとって。あれは俺は上から聞いた話だからね。奥田先生が修猷に最初に来たところで、もうほんとに血の気の盛んなときの話だね。

増田　柔道エリートが集まるトップ校の天理高校でも国士舘高校でもなくて、公立の進

司会　学校の修猷館高校ですからね。それは衝撃的な光景ですよ。

増田　でもそれだけ柔道に真剣で、学生と向き合ってたんでしょうね。

山田　来たときはおそらく強豪高校と修猷館の部員のスペックの違いがよくわからなくて、やればできると思われていたのかもしれない。

増田　先生が二十代か三十歳になるかぐらいのときだと思うよ。

山田　それこそ、ガンガンにやれば金鷲旗《きんしゅうき》もとれるんじゃないかぐらいに。

増田　たぶん他にもたくさんあったと思うよ。俺が聞いた中でもそれはほんのひとつまみだから。そうやって生徒を鍛えていくなかで、奥田先生も修猷館で柔道を教えることの意味を、いろいろ考えて変わっていかれたんじゃないかな。

山田　でも、そうやって超一流の柔道家に接することができた当時の修猷館の生徒は幸せだよね。当時、寝技で日本一＝世界一でしょう。学問でいったらノーベル賞をとった先生に教わるようなもんだから。

増田　そうやね。練習はもう、早くいなくなってくれないかと。学校来れんように奥田先生の車に細工しようかと思ったことが何度もあったけん。でも、いま考えれば、俺もすごく幸せだったと思う。あの頃はきつくて苦しかったけども。

北大のときに山田君が『バイタル柔道』持ってきて「岡野先生もここに奥田先生のこと書いとるやろう」って、あとがきに謝辞っていうか、私の寝技は現役時代の寝技の名手であり好敵手でもあった奥田義郎氏からの刺激が大きいって書いてあるから、「うわ、すごい」って思って。

司会　昔の『ゴン格』（ゴング格闘技）のインタビューによると、奥田先生が柔道を始めたきっかけは、中一の終わりに、柔道部に所属していた友人が練習をさぼったことが発端だったようです。その友人が上級生に見つかってしごかれる姿を、柔道経験の無かった奥田先生が物怖《ものお》じせずに見ていたら、「ちょっとお前も入ってこい」と言われて絞められた。でも「ギブアップは男の恥と思っとったから、落ちとうとばい」。結局三回続けて絞め落とされたのが悔しくて、柔道を始めることになったと。今の考えでいい悪いは別にして、かつての柔道のひとつの文化なんですよね。生死の極限まで、仮想の殺し合いをやって徹底的に鍛錬していくっていう。

増田　そうですね。ゴン格編集部と以前話したときに北海道警の特練《とくれん》の参ったなしで〝打撃あり〟の厳しい出稽古《でげいこ》の話したら「でも、その昭和の柔道文化がいま無くなりつつあるんでしょうね。膨大な数の修行者が強い相手を探して出稽古に行っては、戦国時代のように真剣勝負を斬り結ぶっていう」と言われましたが、まさにそうだと思います。いいか悪いかといったら、もう現在の普通の世界からしたら悪いに決まってる。でも、その時代にたしかにあったひとつの文化なんですよね。だからもちろん持ち上げてばかりではいけないのかもしれないけれど、否定してもいけない。かつて存在した文化だから。

山田　そうやね。江戸文化や明治文化があったように、昭和の文化もたしかにあって、のちのち語られる歴史なんだよね。それを経験できない今の子たちは少し可哀相だね。

増田　奥田先生に「木村政彦先生と山下泰裕先生が寝技で戦ったらどうですか」って聞かせていただいたときに、しばらく考えてフランクに「やっぱ身体が違うけんね」って。「山下君が優位になる気がする。サイズが違うけん」と。そのあと「ただし」という注釈を仰《おっしゃ》った。東海大五高って熊本？

山田　いや違う。東海大五高は福岡、東海大二高が熊本かな。

増田　奥田先生が言ったのは、その「東海大五高に山下君が現役時代来たことがある。そして五高の選手と掛け試合をやった」と。そのとき奥田先生が見ていたら、「何人目かから五高の顧問の先生が生徒に山下君の袖口《そでぐち》を絞る作戦を採り始めて、山下君を疲れさせる作戦を採った。そしたら山下君が息をあげて途中で両手を膝《ひざ》について休んだ。そのときに私は思ったけども、木村先生や牛島先生なら、たとえ疲れようと、あんな姿を見せるだろうか。倒れて死ぬまでそういう姿は見せんやろう」と。「そういう意味で、戦前の専門家、最後の最後で意識がそこで生きてくるんじゃないか。専門家というのはそういうもんだ」と仰っていたよ。

山田　まさしくそういう人よ。疲れてるのはわかりきっとると。わかりきっとるのに、おまえ疲れをアピールしてどうするとやってバコンとくる。疲れをアピールする

増田　のをすごく怒った。疲れとるのはみんな同じやろって。そんな言い方する。

山田　山田君は右の双手《もろて》背負いと左の一本背負い、それから小内と大内刈り。上からきっちり極《き》めながら脚から上がっていって腰を切ってっていう固い寝技。他にも絞技とか徹底的に叩《たた》き込まれたの？

増田　奥田先生から俺あんまり絞技とか習ってない。奥田先生の寝技の哲学って結構独特なものがあって、柔道に対する哲学がちょっと違うっていうか。よく僕らに言われたのが、奥田先生ももちろん一流の選手で柔道で飯を食ってるけれども、結局「おまえら修猷の人間がどんなに頑張っても柔道で飯は食えんぞ」っていうことだった。だから「柔道をやってたことをのちのち人生で活《い》かせないと意味がない」って。

山田　高校生にもそんなことを……。

増田　そういう人なの。もうひとつ、「柔道というのは男を磨く道具としては、自分が知ってる中では一番いい」と。「だから柔道をやれ」って言っておられた。

山田　それはいい言葉だね。柔道って言い訳がきかないからね。強いか弱いかふたつにひとつで、それは球技にはない逃げ場所のない場所で自分の精神力を鍛えるということ。

増田　そのとおりだね。テクニカルなことでいえば、要するに高校生に教えるとして三十秒抑え込むのと絞めで落とすのだったら、もうコストパフォーマンス的には絶対器用な連中に仕込めば絞めのほうが勝てるんだろうけど、奥田先生はそれは僕らにはあんまりせんやった。

司会　安易に勝たせようとはしなかった。より柔道の本質を伝えようと。

山田　きちっと抑え込めという、そんな感じやったね。

増田　当然、練習では「参った」なしでしょう?

山田　もちろん。絶対「参った」は許されなかったから、絞められたら落ちるしかなかった。それがいやなら自分で技から逃げるしかなかった。奥田先生から寝技の乱取りで、「おい山田来い」って言われたときは、もうそれで今日は何回落ちるかなぐらいのつもりだった。顔にそれを出したら、怒ってしまうから苦しいふりはできない。なんとかして逃げようと。(両手で首を守り、バックからの絞めを防いでいる姿勢を取り)こう絞められるでしょう。そしたら、その相手の肘《ひじ》のところをこう持って、こうやってくぐって、こうしたら、俺のこの手の上から絞めてきて落とす。もう寝てしまったらどうにもならなかったから。だいたい五分一本でやってたけど、五分で終わってくれることなんてまったくなかった。もう一回捕まったら十五分か二十分ぐらいずっとそんな感じ。そんときに、へたれた顔しちゃうと、ものすごい怒る。大変だったな、ほんとにいま思えば。

増田　当時、寝技日本一の先生に教わった人が、南の果てから北の果てに、福岡から札幌にやってきた。『七帝柔道記』のなかで京大の優勝メンバーが僕に《沢田がやる気を出さんかぎり北大の復活はありえんね》と言うシーン、ほんとですかって聞かれることがあるけど、ほんとです。朝倉高校出身の京大の人に、どうしたら北大は京大みたいに強くなれますかって聞いたら、山田がやる気を出さん限り北大の浮上はないって、あのとおりのことを言った。「山田を知らんやつは福岡の高校柔道界じゃもぐりよ」って。そういうのをだから僕はよそから聞いて、山田君のことを知っていった。

司会　修猷館の当時の練習の雰囲気、空気というのはどんな……ピリピリして。

山田　ピリピリっていうか、もう（笑）。

増田　山田君が高校当時の奥田先生は三十歳代の後半ぐらい？

山田　三十代後半か。俺が修猷の二年のときに四十歳になったのかな。

増田　それはバリバリだ。

山田　バリバリもバリバリ。あのころ福岡市内の高校の柔道部の顧問といったら、もうだいたい天理やらあのへんで暴れまくってきた人たちが呼ばれてるんだよ。

増田　嘉穂《かほ》とか大牟田《おおむた》とか南筑《なんちく》、東海大五高、柳川《やながわ》……。福岡は群雄割拠だったから。

山田　奥田先生、見た感じはもう全然ソフトな感じでしょう。優しそうに見える。だけど、天理の後輩とかが顧問してる強豪私立高校が出稽古《でげいこ》に来たりすると、稽古終わった後に、奥田先生が僕ら修猷の生徒に「今日はこうだ」って技術指導したり説教とかしてるわけよ。そしたら、向こうの学校の師範が正座して待ってるのよ、

司会　ずっと（笑）。

山田　それ、緊張しますね。

それで、「おまえなんばしょっとか。ひょっとしてわしば待っとうとか」って、「はい」「わしはこのあとすぐ帰るぞ」って。奥田先生自体は無頓着《むとんちゃく》なんだけど、後輩の先生たちはやっぱり……。

増田　泣く子も黙る。だって世界一の寝技師でしょう。岡野功先生や佐藤宣践先生より寝技が強かったんだから。あの世代の柔道家の凄《すご》みを語るエピソードとして僕が覚えてるのは、僕が社会人になって数年の頃だからもう二十五年くらい前、『近代柔道』が世界王者の古賀稔彦を呼んで、岡野先生と新旧三四郎対談みたいに銘打った巻頭カラー対談があった。いろいろ話したあと、最後に、「流通経済大学来たら胸貸してやるからいつでも来い」って岡野先生が古賀稔彦に言ってる。古賀が「はい」って（笑）。現役世界王者の古賀稔彦に稽古つける四十代って、そのぐらい自信あるんだと。

司会　そういえば奥田先生が引退後、岡野先生から天理大の道場で「お願いします」といきなり寝技勝負を挑まれたことがあると語っていました。〝四度目の対戦〟の勝負はつかなかったようですが、岡野先生らしいですよね。そこまで悔しかったんでしょう。そういう人たちの世界って……。

山田　本物の重みがありますね。

増田　現役の強豪選手や、こういったすごい指導者に稽古をつけてもらう、ほんとあのカオスのなかで極限まで自分を鍛えてみようっていう文化が、今の二十歳、十八歳の子にはないと思う。

山田　逆にかわいそうだよね。なんかそれがないというのはね。今の若い人たちは。

司会　文化ですよね。恐ろしく層の厚い昭和の柔道家が日本中に充《み》ち満ちていた昭和の。戦国時代と似たイメージがあります。日本刀でやるか素手でやるかという違いだけで。

増田　その文化がなくなりつつあるんですよね。機動隊特練とか強豪大学、強豪実業団、強豪高校が群雄割拠時代の。競技人口が減ってしまって、僕の出身地の地方都市も人口三十万人もいるんですが、いまはすべて柔道部が廃部になってしまって一校も柔道部ないし。三十万人もいて中学生や高校生がひとりも柔道やってる人がいないって。それぐらい減ってる。修猷館とか旭丘とかそういう学校はOB会が強いんでテコ入れして、柔道部はなんとかぎりぎり存続してるんだよね。他の公立校は軒並み壊滅状態。旭丘は二十五年ぐらい前からOB会の力で、柔道の推薦入学制度ができて、ぎりぎり存続してる。それでも修猷館も旭丘も部員はかつてよりかなり少ない。

山田　まあいろんなことがあって、俺たちがやったあのときのような練習、文化って、今の高校とかでは、もうできないだろうね。

増田　僕らの頃は、男の子がある程度意見力を持つには、腕っぷしか学力か、どちらかがないとだめだった。逃げ出したいばかりの混沌《こんとん》の時代、昭和そのものだった。そこからひとつの手段として柔道をはじめたというのはあるよね。

山田　いまのゆとり世代の母数とは違う、すごい数のなかから、何とか自分で力をつけていかんといけん時代やったね。

司会　そういう環境で柔道に打ち込んだ、しかも奥田義郎という日本一の寝技師について修行した。すごく羨《うらや》ましいです。

増田　一流の全日本選手権出てるような柔道家の先生って、すごく魅力があるんですよ。僕たちはやっぱり強さに憧《あこが》れて柔道はじめてるので、本物の強さを持った男たちにすごく魅力を感じる。

山田　ほんとに魅力的な方だよ。俺にとって、もう父親よりも父親的。柔道の実力だけじゃなく、人間としても男としてもすごく影響力のある先生で、太陽のような引力というのか、人を惹《ひ》きつける魅力がある。

増田　僕は四年目で柔道部引退して中退して新聞記者になっちゃったけども、山田君は四年間は北大にいたの？

山田　籍としては四年半いたのかな。九月に俺やめたから。そのあともずっと札幌にいたからね。札幌は街で適当にアルバイトをするには困らないから、そういう意味では住みやすかったのかもしれない。あとはやっぱ、俺は九州だから、九州の連中から離れていたかったから。途中から彼らから隠れて過ごしてた。

増田　当時やっぱり北大っていう母集団より、修猷館っていうのが大きい存在だった？

山田　当時としてはそうかな。修猷館のほうが大きかった。だから会いたくなくて、人が来ても居留守使ったり。

増田　柔道部やめたときはわかったけど、どうして大学までやめたの？

山田　恥ずかしいけど、司法試験の勉強してたのよ。

増田　大学やめる前から？

山田　大学やめる前からっていうか、やめる以上は大義名分がないといけないから。

増田　やめたくなったのは。

山田　ずっと早くからやめたかったけど、司法試験の勉強をするっていうことで、学校に行く時間もったいないからということでやめた。だけど、今思えば、司法試験の勉強も全然甘かったね。大学やめたあとは塾の先生やってたんだけども。それも別に塾の先生が好きでやってたわけじゃないから。塾の先生は腰かけで、司法試験を目指してる人なんだぞっていう、そういう恰好《かっこう》をつけてないとやってられなかった感じやったね、あのときはね。若かったからね。

増田　大学時代に住んでた、あのNTTの寮は出て？

山田　あそこはもう出て、あのすぐ近くだったけど、安いアパートがあったからそこに入って。塾の先生だから、だいたい昼の三時か四時ぐらいから行けばいいじゃない。だから、それまではずっと図書館にこもりきりで勉強してた。

増田　僕が『北海タイムス』の記者だった頃、ススキノに〈Ｂｏｙｓ Ｂｅ〉っていうパブがあって。そこに行ったら、大学時代に整形外科入院で一緒になった北大生とたまたま再会して「僕、法学部中退していまこんなことやってます」って言うから、「山田直樹君はいまどうしてるか知ってる？」って聞いたら「彼も大学やめました」って言ってた。僕もやめたけど、彼もやめたみたいな。

山田　なんていう人？　その人。

増田　忘れちゃったけど、そこでカクテルのシェイカー振ってた。

山田　俺と同期の人？　誰だろうな……。

増田　同期だと思うよ。山田君のこと知ってたから。でも僕もそうだったけど、あんまりクラスの人と付き合いなかったでしょう。二人とも歳くってたしね。あと、旭丘とか修猷館とか、そういう古い学校って独特のところがあるんだよね。北海道だったら札幌南もそうだけど。高校で酒やらなんやら、大学生みたいな生活してたから、大学入ってから、ちょっとクラスの同級生たちと溶け込みづらいところも。

山田　うんうん。

増田　医学部って決意したのは、医者っていうものになんらかの考えが。

山田　最初は医学で人を救うとか、そういうことじゃなかった。人を救うとか病気を治したいとかっていうことではなく、自分の人生をどうにか人に語れるもんにするには、他にないのよ。それこそ自衛隊にも入れてもらえないぐらいの年齢なのよ。公務員も、なんとか職とかってたくさんあるけど、もう年齢制限かかっとるような状態だからね。結局、数少ない選択肢のひとつが医学部だった。

増田　でも、そう思う人はいっぱいいても。

山田　思う人はたしかにいっぱいいる。だけど、結局同じような人がだいたいいるの。予備校とかの夏期講習とか行ったら、どう見たって場違いな老けた人がいて。だいたいそういう人って、話し相手がいないからさ。こっちを見つけたらすぐ話しかけてくんのよね。俺それがほんとに実は嫌だったんだけど。別にその人を軽蔑《けいべつ》するってわけじゃないけども、同じだから一緒に仲良く頑張りましょうとかじゃなくってね。一緒にじゃなくて、あなた落としてでもこっちが行かなきゃいけない、同じ志で一緒に頑張りましょうとか、そんな気持ちにはとてもなれなかった。そこは、独りでいることにどのくらいタフかっていうのも大事な部分なんだなっていう気がしたな。

司会　……しぶとくやったんですね。

山田　そこまでくればもうしぶとさ以外に自分の武器はないんですよ。

司会　現役を離れた今も精悍《せいかん》さを感じます。全然太ったりはしなかったんですか？

山田　ありましたよ。太ったり痩《や》せたりしながら。でもあんまり暴飲暴食に走ることがなかったんでね。というのは、ほんとに食えなかったから。街歩いてて餃子《ぎょうざ》のいい匂いがしたとき入りたいなと思っても、財布の中を見て「ちょっとやめとこう」っていうような感じだったから。それがけっこう長かった。でも慣れればね。それこそ、五つ一パックで売ってるインスタントラーメンとか、あれで全然僕は不満ないから。そこに野菜とかなんとか突っ込んで煮て十分だった。自分の好きなことっていうか、自分の夢っていうか、自分の将来のために勉強してれば、少しずつでも近づいていってれば耐えられた。司法試験の勉強してるときは近づいてるっていう感覚がまったくなかったからね。だけど、医学部の勉強って、なんだかんだ言ったって、点数が上がって、偏差値が上がって、順位が上がっていけば、近づいていってるっていう実感はあるんです。だから、その年だめでも、次の年頑張るかとか、そこの気持ちの切り替えさえあれば、自分は家族を持たなかったので、その部分のタフさ、独りでいるタフさっていうのがあれば……。

司会　孤立しながら、勉強を持続させたのがすごいと思います。

山田　他に食っていく術《すべ》がないからね。

増田　五十歳になってわかるけど、しぶとさほど強い武器はないのかもしれない。人が眠くて寝てる間も、雪が降って寒い、病気して辛《つら》いって逃げ出す日も、頑としてそこに座って、努力を続けるしぶとさ。それはもう、まさに柔道であり寝技であり。

山田　そうだね。まさに柔道で培った体力と精神力に助けられた。でも医学部とかなんとかっていうのは、点数が合格点に入っちゃえば一応合格なのよ。だからそう考えれば、全然。それこそ作家の道なんてさ、わかんないじゃん。どんなにいい文章を書こうが、どんないい取材をしていようがさ、評価する側の一定の基準なんてないわけだから。それはすごく大変だと思う。ほんとに、よくやったなって思う。

増田　（照れくさそうに）ありがとう。ときどき和泉さんに電話で相談して。「木村政彦はなぜ力道山を殺さなかったのか」で大宅賞目指してゴン格と二人三脚している頃。もう作家の世界なんて最初から、F1みたいなスポーツカーの東大京大出の人たちがいっぱいいて、僕は北大教養部中退で軽自動車ですよみたいな泣きごと言ったら、和泉さんが「いや、そんなことはないで。向こうも眠ってることがあるから」って。ウサギが寝とる間に歩き続けるカメになれって。「あんた本気でやってみたんかい。やってみんとわからんじゃないか。挑戦しんさい。わしも研究医学と臨床医学の世界でトップに挑戦しとるけ、あんたもやってみんさい」って。和泉さんに出会えたことも凄《すご》い財産だし、今もこうやって山田君に再会できた。柔道自体がいろんな人に会える機会を与えてくれた。ほんとに豊穣《ほうじょう》な世界で。

山田　そうやね。そういった柔道の世界、残してほしいよね。

司会　突き動かしてるのがつねに「繫《つな》がり」なんですよね。他者との関係性のなかで和

増田　泉さんも増田さんも山田さんも同じように考える。昔の仲間があれをやった、あいつはあれを成し遂げた、あいつだったらこうするだろう、だったら俺もという。みんな同期とか同級生とか先輩の顔が浮かぶ夜空の星を見上げているような。僕も苦しいとき、やはり山田君の顔を何度も思い出しましたよ。きっといまもどこかで彼も頑張ってるんだから俺もやらないと、って。

司会　山田さんは『七帝柔道記』のあのラストの試合以来、柔道衣には袖《そで》通してないんですか？

山田　そうですね。通してないですね。もうほんとにあれが最後でしたね。

増田　あの七帝戦が最後。

山田　うん。俺は、増田君は作品のなかでいろいろ言ってくれてるけど、やっぱり同期には謝んなきゃいけない、俺としては。

増田　いやあ、そんなことはない。

山田　あんな形で、仲間を見捨てたって言ったらあれだけど。

増田　そんなことはない。

山田　別に僕がいなくても頑張ったとは思うんだけど。やっぱり、一緒に頑張んなきゃいけない立場だったとは思う。そういう意味では本当に申し訳ない。

増田　理由があったから、それはそれぞれに。若者たちのそういう疾風怒濤《どとう》の時代だから。それぞれがそれぞれの悩みのなかで真剣に自分と向き合う。将来の夢であったり、恋愛であったり勉強であったり酒であったり。人生は柔道だけじゃないから。ドロップアウトは僕もしてるし。

山田　ありがとう……。あのときはけっこうあれこれあったけど、たしかに充実してたな。

増田　そうだね。柔道の練習はきついけど、あの団体生活は楽しいからね。山田君が一年目の秋の試合で骨折したのは……。

山田　肩鎖関節の脱臼《だっきゅう》骨折だった。手術して。

増田　けっこう重傷だったよね。逓信病院に入院してて。いま傷みても、かなり大きく縫ってあるし。

山田　いろいろ考えることもあって。いまだったらどうかな。もっと頑張れって思ったかもしんないしね。ただ、あんときに柔道も失って、大学も中退して、なんも失って、起死回生というか挽回《ばんかい》というか、司法試験だと思っちゃったんだよね。だけど司法試験ってそんなに甘い世界じゃないから、結局それもだめになっちゃって。とりあえず塾の先生は上手にはなってきてたから。でも塾の先生って、他の資格試験をとろうとする人たちのとまり木的なところがあるんだけど、そこがすごく危なくて。他の仕事と違って寂しくないんだよ。塾の先生をやっていると「先生」と呼んでくれる生徒たちがいるから寂しくない。生徒は自分より明らかに知識的に下の連中で、自分が言ったことを納得してくれるもんだから、そこに甘えちゃう。だから、塾の先生やりながら何かをやるっていう人はたいがい失敗してるような気がする。あとで考えると、いっそのこと全部かなぐり捨ててやったほうがよっぽど速く進んでたんじゃないのかなっていう気はするな。

司会　でもそこに留《とど》まらず勉強をやり続けて、結局、医学部受験に転じて成し遂げます。

山田　バブル後の札幌って経済的に冷え込んでくるのが早かった。もうこれは食っていけんという状態だった。アルバイトニュースとか見れば必ずどっかには公募が出てるから、今までどこどこで教えた経験がありますって行けば、もうだいたいすぐ来てくださいみたいな感じで雇ってもらえるけど、自分が食っていくのがやっとぐらいの稼ぎ。だから、「俺はこれをずっと続けていくのかな」って思ったとき、不安になった。高校時代の同期たちが就職して、時間経てば役職上がっていって、そこそこいい生活してるっていうときに、自分はいったい何やってるのか。考えどきだなって思った。だから、司法試験が受からん状況で誰とも会いたくないっていうか。一番つらかったのは、結婚式に来てくれとかって。状況を知られたくないし、だいいち祝儀を包むお金もないから居留守使って。

増田　山田君は文Ⅲだから、文系から理系の受験でしょう。どれほどの努力を重ねたのか想像もつかないよ。三十七歳で微積分をやらなきゃいけないし、物理と化学を本格的にやらなくちゃいけない。旧帝大の医学部といったら本当のトップクラスの学力がないと入れないから。別格の難しさがあるから。山田君の場合、さらに

山田　文系というのと間が空きすぎてるっていうのがある。理系学部卒業して翌年に一年間予備校通っても難しいんだから、十七年間も空けて文系から受験といったら、それはきついよ。

山田　俺は塾の先生をずっとやってたからね。だから、教えることが要は勉強することが仕事みたいなところはあったんだよ。あと看護学校の予備校とか、そんな感じのところで、高校の数学の基礎的なのとか教えてるうちに、二十歳ぐらいに北大の文Ⅲに入ったときには理解できんかった理系科目も、プロとして真剣に飯の種として勉強してたら、やっぱり頭に入ってくるようになった。それからかな、実際もうほんと食っていけんかったからね。背水の陣で。

増田　それはスポーツのプロアマにも通じるけど、プロの凄みだよね。これで食うんだっていう。その命がけのパワーを出すとき、やっぱり柔道で培った体力と精神力がぎりぎりのところで活《い》きてくる。

山田　まったくそのとおりだね。柔道がなかったら、いまの俺はなかった。

司会　今日お話をうかがって、奥田先生と山田さんという師弟関係、山田さんと増田さんという友人関係、このふたつの関係が羨《うらや》ましいです。物理的に近くにいなくても、いつも遠くにその存在を思っている。

増田　いまは若い格闘家たちも悩んでると思う。食えないとか、このままでいいのだろうかとか。でも、最後までやり抜いたほうが僕はいいと思う。その自信は絶対次につながるから。体と心を鍛えておけば、三十歳とか四十歳とか五十歳とかから他の分野に挑戦していっても全然やり直せるんで。

山田　そうだね。俺の司法試験の話や医学部受験の話を聞いて、前向きになってくれる若い人がいるとしたら、それは嬉《うれ》しい。

増田　悩んでドロップアウトしても、年齢いってから頑張れた僕や山田君を見て、何歳からでももう一回できるんだと考えてくれればね。何回でも、本気で人間がもう一回やってやろうってなったときに、スポーツであっても勉強であっても医学であっても作家であっても、何度でもやり直せる。一生は敗者復活戦の連続だから。

山田　ほんとに一生敗者復活戦だよ。しぶとく努力して。

増田　ストレートで二十四歳で整形外科医になった人と、四十代半ばで整形外科医になった山田君。若かったら、患者の気持ち、いろんな人の人生のバックボーンを見て診察できないからね。だから病院内でも山田君の存在は大きいと思う。

山田　そこまで立派になれればほんとに。

増田　もうなってるよ。

司会　二人とも心の底から互いを認め合っているのが羨ましいです。

増田　綺麗《きれい》な女性百万人に「好きです」と言われるより、一人の男に「たいしたやつだ」って言われたくて生きてきた時代の最後の生き残りだから。

山田　それはそうだ。俺たちの世代はそういう世代だ。

司会　そういう言葉が今日の対談を聞いていて説得力をもって心に沁《し》みます。奥田義郎先生の「柔道は男を磨くのに一番いい道具」という言葉もじんときました。まだまだ話は続きそうなので、お店を変わって二次会を。今日は朝まで飲み交わしましょう。

七帝戦決勝後、涙で健闘を讃え合う九大主将の甲斐泰輔（左）と中井祐樹（中央）。その２人の背中を叩いて声をかける北大主将の吉田寛裕（右）。甲斐も吉田も中井の VTJ95 の勇姿を観る前に 20 代前半の若さで夭折した。

七帝戦表彰式では吉田寛裕主将が優勝旗を、中井祐樹副主将が優勝カップを受け取った。中井は４年目の夏、悲願の七帝戦優勝を遂げると北大を中退し、シューティング入門のため、上京した。

1995年4月20日、日本武道館で行われたVTJに参戦した中井祐樹。170cm、71kgと出場選手中、最も小さかった中井は1回戦で身長差28cm、体重差29kgもあるジェラルド・ゴルドーから反則のサミングを受けて失明しながらも、4R（8分1R制）2分41秒、ヒールホールドでタップを奪い、準決勝も115kgの巨漢クレイグ・ピットマンに腕十字で一本勝ち。朝日昇、坂本一弘、九平らセコンドが見守る中、「マイナー時代、最後の勝負だ！」と叫んでヒクソン・グレイシーが待つ決勝のリングへ向かった。

photo : Kyodo News

1996年4月7日。アトランタ五輪最終選考会となる全日本選抜体重別柔道で、堀越英範は何年も前からシミュレートしていたとおり、古賀稔彦が右手で堀越の左釣り手を切って絞ってきた瞬間、その古賀の右手ごと引っ張りだして左一本背負いに担いで畳に叩きつけた。この8年前に天理大道場でたった一度だけ乱取りしたときからの堀越の執念が結実した一瞬だった。

1951年10月23日、ブラジル・リオデジャネイロのマラカナン・スタジアムで対戦した木村政彦（左）とエリオ・グレイシー。左腕を折られても「参った」をしなかったエリオを木村は、「エリオの闘魂は日本人の鑑だ」と讃えている。

1995年4月20日、VTJ95の試合後、中井祐樹に握手を求めるヒクソン・グレイシー。決勝で中井を破り優勝したヒクソンは、優しい笑みを浮かべながら「ユー、サムライ」と声をかけた。まるで木村政彦が父エリオの精神力を讃えたことへの返礼のように。

優勝トロフィーを掲げてリングを下りるヒクソンとグレイシー一族。ヒクソンの前には行進を先導する長男ホクソンの誇らしげな顔が見える。父から柔術を受け継いだホクソンはこの6年後、19歳で他界。ヒクソンは格闘家としての活動を休止後、次男クロンにそのスピリットを伝えた。

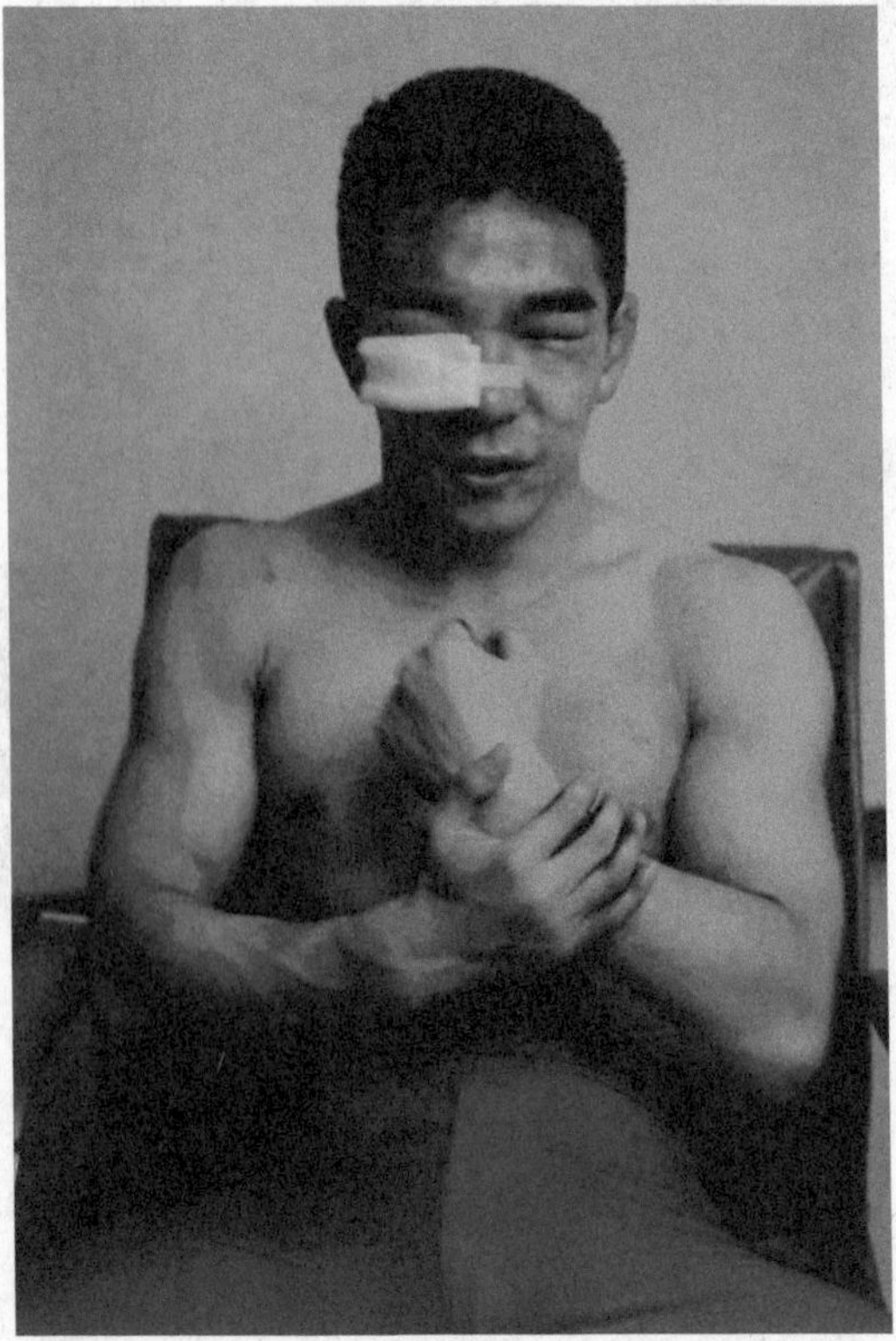

決勝戦の後、控え室で椅子に座る中井祐樹。ガーゼで覆われた右眼が痛々しい。一方のヒクソンの控え室にはマスコミが殺到していた。

クレジットのない写真はすべてジャパンコンテンツマネジメント／「ゴング格闘技」より提供

あとがき

あとがき　生と死のあり方を問い続けていきたい

私にとって大宅壮一ノンフィクション賞受賞後初のノンフィクション集がやっと完成をみた。本書の話の前に、先日、ある社の漫画編集者に聞いた興味深いエピソードを紹介したい。

手塚治虫《てづかおさむ》先生の『火の鳥』は、全巻を通して読むと、壮大なスケールにのみこまれて目眩《めまい》がするほどのパワーを持つ作品だ。しかし手塚先生はあの作品をひとつの雑誌に続けて連載していない。どこに頼んでも「もうやめましょう」と言われ、ぶつ切り状態であちこちをたらい回しにされたのだという。

その漫画編集者は言う。

「編集者たちも手塚先生がなにをやろうとしているのか、十年経っても二十年経っても皆目わからなかったそうです。最初の〈黎明編《れいめいへん》〉は一九五四年に一年弱『漫画少年』に連載されて未完に終わった。それからどこかの雑誌に持ち込んで打ち切りになっては、何年も休み、またどこかに持ち込んで数年連載して休載、そういうことを何度も何度も繰り返し、一九八六年から一九八八年まで『野性時代』に二年間連載した〈太陽編〉まで、三十四年間かけてあそこまでの作品群になったんです。それで全体が単行本化されたときに初めて流れのなかですべてを読み、漫画関係者たちがみな衝撃を受けたんです。一九五四年のはじめの連載時はともかく、その数年後にはすでに手塚先生は日本一の売れっ子になってましたから、本来ならどこの雑誌も作品を欲しがっていたはずで、この作品群もウェルカムだったはずです。それでも断られてたらい回しにされたのは、誰も全体像をつかめなかったからなんです。どこの編集部もぶつ切れの段階ではこの作品の意義も面白さも見抜けなかったんです。だからひとつの出版社だけではあれを引き受けることができなかった。作者の手塚先生以外は理解不能な、それくらい複雑で壮大な作品群だったんです」

もちろん手塚治虫先生のこの大傑作『火の鳥』にスケールでは及ぶべきもないが、この『VTJ前夜の中井祐樹』と『木村政彦はなぜ力道山を殺さなかったのか』、『七帝柔道記』もそれぞれ出版社は違っても、実はすべて作品世界が繋《つな》がっている。中井祐樹ひとりをとっても、この三作品すべてに出てくるのだ。

時系列に作品を紹介していくと、まず北海道大学の一年生時代と二年生時代をモチーフにして描いた私小説『七帝柔道記』が最初にある。これは昨年の第四回山田風太郎賞の最終候補にノミネートされたことからもわかるように、あくまでひとつの完結した作品である。しかし、私の北大時代の高学年期間を描くこの続きはいまも雑誌に連載されていて、いずれ書籍になる。

この大学在籍四年間でも作品は終わらず、私が大学を中退して土木作業員をしていた時代になり、北海タイムス社に入社して新聞記者になってからの時代になり、後輩たちが七帝戦で優勝するまでOBとして伴走しながら延々と続いていく。そして吉田寛裕が夭折《ようせつ》し、中井祐樹が戦った一九九五年のバーリトゥード・ジャパン・オープン95（VTJ95）の場面となる。それがノンフィクションとして書かれた本書『VTJ前夜の中井祐樹』だ。これはこれでひとつの決着をみるノンフィクション短編集で、サーガの中心線を構成する重要な作品集だが、これでも実は完全に終わるわけではない。

たしかに『七帝柔道記』シリーズは〈増田青年〉の一人称で土木作業員時代も新聞記者時代もまっすぐに延々と続き、私が紡ぐ作品世界全体の中心に立つ柱のようになっていくが、それとは別に、私をモデルとした人物が脇役として登場する小説群も、私以外の一人称や三人称で別ルートで紡がれる小説群となって、また別の文芸誌などで連載され、単行本化されていく。時間が行きつ戻りつし、人物が行き来し、錯綜《さくそう》し、しかし遠大なテーマの果てにそれらがひとつの場所にゆらゆらと流れ着く。だからそれぞれは一つで完結した作品だが、しかし巨大な大河物語のなかの一部でもある。

あの長編ノンフィクション『木村政彦はなぜ力道山を殺さなかったのか』もまた、大河全体が見渡せないとその本来の意味がなかなか捉《とら》えることができない、この大河のなかのひとつの物語である。青年から壮年に成長した〈増田俊也〉が『木村政彦はなぜ力道山を殺さなかったのか』を取材する場面や執筆する場面も別の作品となっていく。

これらの大きなサーガを紡ごうと強く決意したのは、中井祐樹のあの試合を観てからである。あの事件こそが私のサーガのビッグバンであった。ビッグバンが宇宙のすべての始まりだとしたら、私にこの作品群を書かせているのは中井祐樹である。すべては中井のあの試合が始まりであった。

あの日、中井祐樹はリングの上からさまざまなことを問いかけ、さらにその後の静かな生き方で多くの人に生きる道標をみせてくれた。私もこの作品群を通し、人間の生と死のありかた、人間の生きる意味、生き続ける意味を、命のあるかぎり問いつづけていきたい。

主な参考文献

■書籍

『希望の格闘技』中井祐樹（イースト・プレス）

『オーイ まさぁーき！ 息子・正哲との想い出』東孝（文芸社）

『人と結びて有情を体す：社会の絆、家族の絆は武道にあり』東孝（東京堂出版）

『はみだし空手』東孝（福昌堂）

『はみだし空手から空道へ』東孝（福昌堂）

『無敗の法則』ヒクソン・グレイシー（ダイヤモンド社）

『心との戦い方』ヒクソン・グレイシー（新潮社）

■雑誌

『ゴング格闘技』各号（イースト・プレス）

『格闘技通信』各号（ベースボール・マガジン社）

『フルコンタクトＫＡＲＡＴＥ』各号（福昌堂）

『週刊宝石』（光文社）

■新聞

讀賣新聞、朝日新聞、毎日新聞、東京新聞、中日新聞、産経新聞、日本経済新聞、日刊スポーツ、スポーツニッポンなど。

初出一覧

ＶＴＪ前夜の中井祐樹……『ゴング格闘技』二〇〇九年六月号
超二流と呼ばれた柔道家……『ゴング格闘技』二〇一二年十月号
死者たちとの夜（「木村政彦と力道山」真剣勝負の勝者 改題）……『g2』Ｖｏｌ．10
対談 和泉唯信×増田俊也「思いを、繋げ」……『ゴング格闘技』二〇一四年三月号
対談 増田俊也×山田直樹「29年目の青春の決着」……『ゴング格闘技』二〇一六年一月号

本書は、二〇一四年十二月にイースト・プレスより刊行された単行本を改題のうえ、「増田俊也×山田直樹『29年目の青春の決着』」を加えたものです。

VTJ前夜《ぜんや》の中井《なかい》祐樹《ゆうき》

七帝柔道《ななていじゅうどう》記《き》外伝《がいでん》

増田《ますだ》俊也《としなり》

平成30年 12月25日　初版発行
令和6年 11月25日　5版発行

発行者●山下直久

発行●株式会社KADOKAWA
〒102-8177　東京都千代田区富士見2-13-3
電話　0570-002-301（ナビダイヤル）

角川文庫 21276

印刷所●株式会社KADOKAWA
製本所●株式会社KADOKAWA

表紙画●和田三造

●お問い合わせ
https://www.kadokawa.co.jp/（「お問い合わせ」へお進みください）
※内容によっては、お答えできない場合があります。
※サポートは日本国内のみとさせていただきます。
※Japanese text only

ISBN 978-4-04-107000-0　C0195

◆◇◇

角川文庫発刊に際して

角川源義

第二次世界大戦の敗北は、軍事力の敗北であった以上に、私たちの若い文化力の敗退であった。私たちの文化が戦争に対して如何に無力であり、単なるあだ花に過ぎなかったかを、私たちは身を以て体験し痛感した。西洋近代文化の摂取にとって、明治以後八十年の歳月は決して短かすぎたとは言えない。にもかかわらず、近代文化の伝統を確立し、自由な批判と柔軟な良識に富む文化層として自らを形成することに私たちは失敗して来た。そしてこれは、各層への文化の普及滲透を任務とする出版人の責任でもあった。

一九四五年以来、私たちは再び振出しに戻り、第一歩から踏み出すことを余儀なくされた。これは大きな不幸ではあるが、反面、これまでの混沌・未熟・歪曲の中にあった我が国の文化に秩序と確たる基礎を齎らすためには絶好の機会でもある。角川書店は、このような祖国の文化的危機にあたり、微力をも顧みず再建の礎石たるべき抱負と決意とをもって出発したが、ここに創立以来の念願を果すべく角川文庫を発刊する。これまで刊行されたあらゆる全集叢書文庫類の長所と短所とを検討し、古今東西の不朽の典籍を、良心的編集のもとに、廉価に、そして書架にふさわしい美本として、多くのひとびとに提供しようとする。しかし私たちは徒らに百科全書的な知識のジレッタントを作ることを目的とせず、あくまで祖国の文化に秩序と再建への道を示し、この文庫を角川書店の栄ある事業として、今後永久に継続発展せしめ、学芸と教養との殿堂として大成せんことを期したい。多くの読書子の愛情ある忠言と支持とによって、この希望と抱負とを完遂せしめられんことを願う。

一九四九年五月三日

角川文庫ベストセラー

七帝柔道記

増田俊也

七帝柔道に憧れ北海道大学の柔道部に入部した増田俊也。個性あふれる同期や先輩たちに囲まれ七帝戦への出場と北大の最下位脱出を目標に厳しい練習をこなしていくが……圧巻の自伝的青春小説！

この命、義に捧ぐ
台湾を救った陸軍中将根本博の奇跡

門田隆将

中国国民党と毛沢東率いる共産党との「国共内戦」。金門島まで追い込まれた蒋介石を助けるべく、海を渡った日本人がいた――。台湾を救った陸軍中将の奇跡を辿ったノンフィクション。第19回山本七平賞受賞。

太平洋戦争 最後の証言
第一部 零戦・特攻編

門田隆将

終戦時、19歳から33歳だった大正生まれの若者は、「7人に1人」が太平洋戦争で戦死した。九死に一生を得て生還した兵士たちは、あの戦争をどう受け止め、自らの運命をどう捉えていたのか。

太平洋戦争 最後の証言
第二部 陸軍玉砕編

門田隆将

髪が抜け、やがて歯が抜ける極限の飢え、鼻腔をつく屍臭。生きるためには敵兵の血肉をすることすら余儀なくされた地獄の戦場とは――。第一部「零戦・特攻編」に続く第二部「陸軍玉砕編」。

太平洋戦争 最後の証言
第三部 大和沈没編

門田隆将

なぜ戦艦大和は今も「日本人の希望」でありつづけるのか――。乗組員3332人のうち、生還したのはわずか276人に過ぎなかった。彼らの証言から実像を浮き彫りにする。シリーズ三部作、完結編。

角川文庫ベストセラー

キマイラ6
如来変
夢枕 獏

自らの目的を明かし、久鬼玄造、宇名月典善と手を組んだボック、典善のもと恐るべき進化を遂げた菊地、明かされた大鳳の出生の秘密…。そしてキマイラ化した大鳳はついに麗一のもとへ。急転直下の第六弾！

キマイラ7
涅槃変
夢枕 獏

キマイラとは人間が捨ててきたあらゆる可能性の源。雲斎に相見えた玄造によって、キマイラの謎の一端が語られる。一方、対峙する大鳳と久鬼。闘いをためらう大鳳に、久鬼は闘う理由を作ったと告げるが——。

キマイラ8
鳳凰変
夢枕 獏

第3のキマイラ、巫炎が小田原に現れる。彼は味方なのか——。大鳳に心をあずけながら九十九に惹かれていく深雪。キマイラの背景にあるものの巨大さに気づいた雲斎。そして語り出した巫炎。シリーズ第8弾！

キマイラ9
狂仏変
夢枕 獏

大鳳の父であると告白した巫炎はキマイラ制御の鍵、ソーマの謎の一端を語り、去る。一方、ある決意を固めた大鳳は山を下り、久鬼玄造の屋敷へ。絶体絶命の危機に陥ったその時、大鳳の前に現れたものとは?!

キマイラ10
独覚変
夢枕 獏

雲斎の下に帰り着いた大鳳。ソーマから薬を作る法を求め、高野山へ向かう九十九。ついに体をキマイラに乗っ取られた久鬼。意志の力もソーマも利かない久鬼に、狂仏《ミョンバ》はキマイラを支配する法を教えるという……。

角川文庫ベストセラー

キマイラ11 胎蔵変　夢枕獏

獣の身で横たわる大鳳を救うべく、雲斎は月のチャクラの活性化を試み、道灌と九十九は修行僧・吐月に、「雪蓮」について情報を求めた。問いに答え、吐月は2人に20年余り前のチベットでの体験を語るが——。

キマイラ12 金剛変　夢枕獏

キマイラ化した久鬼麗一に対峙し、恐怖を抱く菊地。大鳳吼と雲斎は亜室健之によって東京に呼び出された。円空山の留守を預かる九十九らのもとに、玄造と典善が歩み寄る。キマイラを巡り、男たちが集結する。

キマイラ13 梵天変　夢枕獏

20年ぶりに吐月と再会を果たした久鬼玄造は、典善と九十九、菊地らを自宅に招いた。そこで玄造が見せたのは、はるか昔に大谷探検隊が日本に持ち帰ったキマイラの腕だった。やがて玄造の過去が明らかになる。

キマイラ14 縁生変　夢枕獏

若き日の久鬼玄造と梶井知次郎が馬垣勘九郎から譲り受けた能海寛の『西域日記』と橘瑞超の『辺境覚書』。2冊の本に記されていたのは、過去に中国西域を旅した彼らが目の当たりにした信じがたい事実だった。

キマイラ15 群狼変　夢枕獏

夜ごと羊たちが獣に喰い殺されていく。その正体を暴くため、馬垣勘九郎は橘瑞超たちと泊まり込みで様子をうかがう。だが奇妙な鳴き声が聞こえてきたその時、勘九郎の父の仇である王洪宝が襲ってきて……!

角川文庫ベストセラー

キマイラ16
昇月変

夢枕　獏

橘瑞超の『辺境覚書』にはキマイラの腕を日本に持ち帰るまでの、驚愕の出来事が記されていた。あまりにも奥の深い話に圧倒される吐月や九十九たち。その時玄造の屋敷に忍びこんだ何者かの急襲を受け……!?

キマイラ17
玄象変

夢枕　獏

「キマイラ」をめぐる数奇な過去を語り終えた玄造は、キマイラ化した麗一が出没するという南アルプスの山中へと向かう。そこでは異能の格闘家・龍王院弘も、再起を図って獣の道を歩んでいるのだった……。

キマイラ18
鬼骨変

夢枕　獏

久鬼玄造と九十九三蔵はキマイラ化してしまった久鬼麗一を元に戻すべく南アルプスの山麓で対峙する。一方、別の集団は、大鳳を手中におびきよせるべく、織部深雪を狙っていた……風雲急を告げる18巻！

キマイラ19
明王変

夢枕　獏

「九十九よ、もう充分だ。その道にもどればよい……」。初めて語られるキマイラの歴史、真壁雲斎が伝える恐るべき伝承とは——。キマイラをめぐる血ぬられた歴史と伝説が明らかになる、奇想天外の第19巻！

龍の紋章
キマイラ青龍変

夢枕　獏

美貌の戦士、龍王院弘。俊敏だが卑屈な少年時代に流浪の格闘家である宇名月典善に見出された。少年は典善を師とし、経験を積み、やがて異能の格闘家に成長する。「キマイラ」が生んだアナザーストーリー！

角川文庫ベストセラー

神々の山嶺《いただき》（上）　夢枕　獏

天賦の才を持つ岩壁登攀者、羽生丈二。第一人者となった彼は、世界初、グランドジョラス冬期単独登攀に挑む。しかし登攀中に滑落、負傷。使えるものは右手と右足、そして――歯。羽生の決死の登攀が始まる。

神々の山嶺《いただき》（下）　夢枕　獏

死地から帰還した羽生。伝説となった男は、カトマンドゥにいた。狙うのは、エヴェレスト南西壁、前人未到の冬期単独登攀――！　山に賭ける男たちの姿を描ききり、柴田錬三郎賞に輝いた夢枕獏の代表作。

もの食う人びと　辺見　庸

人は今、何をどう食べ、どれほど食えないのか。人々の苛烈な「食」への交わりを訴えた連載時から大反響を呼んだ劇的なルポルタージュ。文庫化に際し、新たに書き下ろし独白とカラー写真を収録。

ゆで卵　辺見　庸

くずきり、するめ、ホヤ、プリン、コンソメ……そしてゆで卵。食物からはじまる男と女のそぞろ哀しく、妖しい出会いとエロスを描く、どこまでも不埒で無常な性愛小説。

独航記　辺見　庸

ジャーナリストとして生きた二十五年、小説を書き出して十数年。その両方の表現のなかで、心と体に分け入る濃密な文芸をものにしてきたその足跡をまとめた作品集。

角川文庫ベストセラー

完全版 1★9★3★7《イクミナ》(下)　辺見庸

敗戦後70年、被害の責任も加害の責任も、誰もとっていないこの日本という国は何か。過去にこそ未来のイメージがあるとして、深い内省と鋭い洞察によって時代を迎え撃つ、戦後思想史上最大の問題作！

嘘つきアーニャの真っ赤な真実　米原万里

一九六〇年、プラハ。小学生のマリはソビエト学校で個性的な友だちに囲まれていた。三〇年後、激動の東欧で音信が途絶えた三人の親友を捜し当てたマリは——。第三三回大宅壮一ノンフィクション賞受賞作。

心臓に毛が生えている理由《わけ》　米原万里

ロシア語通訳として活躍しながら考えたこと。在プラハ・ソビエト学校時代に得たもの。日本人のアイデンティティや愛国心——。言葉や文化への洞察を、ユーモアの効いた歯切れ良い文章で綴る最後のエッセイ。

米原万里ベストエッセイⅠ　米原万里

抜群のユーモアと毒舌で愛された著者の多彩なエッセイから選りすぐる初のベスト集。ロシア語通訳時代の悲喜こもごもや下ネタで笑わせつつ、政治の堕落ぶりを一刀両断。読者を愉しませる天才・米原ワールド！

米原万里ベストエッセイⅡ　米原万里

幼少期をプラハで過ごし、世界を飛び回った目で綴る痛快比較文化論、通訳時代の要人の裏話から家族や犬猫たちとの心温まるエピソード、そして病と闘う日々の記録——。皆に愛された米原万里の魅力が満載。

角川文庫ベストセラー

自閉症の僕が跳びはねる理由　東田直樹

「自閉の世界は、みんなから見れば謎だらけです」会話のできない自閉症者である中学生がその心の声を綴り、希望と感動をもたらした世界的ベストセラー。Q&A方式で、みんなが自閉症に感じる「なぜ」に答える。

自閉症の僕が跳びはねる理由2　東田直樹

「僕たちはただ、みんなとは様々なことが少しずつ違うだけなのです」世界的ベストセラーの高校生編。成長して気づけた喜びや希望を綴る。会話ができずもがきながらも文庫化にあたり16歳当時の日記を初公開！

あるがままに自閉症です　東田直樹

「僕は、この世界でひとりぼっちでした。そんな思いを、もう誰にもしてほしくはないのです」重度の自閉症者である著者が18歳になり、新たな発見や心情の変化をありのままに綴る。支えてくれる人々へ贈る感動のメッセージ。

聖《さとし》の青春　大崎善生

重い腎臓病を抱えつつ将棋界に入門、名人を目指し最高峰リーグ「A級」で奮闘のさなか生涯を終えた天才棋士、村山聖。名人への夢に手をかけ、果たせず倒れた〝怪童〟の人生を描く。第13回新潮学芸賞受賞。

「A」
マスコミが報道しなかったオウムの素顔　森達也

メディアの垂れ流す情報に感覚が麻痺していく視聴者、モノカルチャーな正義感をふりかざすマスコミ……「オウム信者」というアウトサイダーの孤独を描き出した、時代に刻まれる傑作ドキュメンタリー。

角川文庫ベストセラー